Die Trauung
auf dem Standesamt

Yvonne Thalheim

Die Trauung
auf dem Standesamt

Romantisch · festlich · originell
33 Ideen für Ihre Hochzeit

FALKEN

Vorwort —————————————————————— 8

Vorbereitungen für den großen Tag —————— 10
Handgeschrieben oder gedruckt:
Einladungskarten, Tisch- und Menükarten —————— 11
    Der Text für Ihre Einladung ———————————— 13
    Gestaltungsvorschläge für Einladungs-, Tisch-
    und Menükarten —————————————————— 14
    Motivkarten aus Tonkarton —————————————— 15
    Puzzlekarten ——————————————————————— 15
    Silhouettenkarten —————————————————— 15

Haben Sie an alles gedacht?
Die Hochzeits-Checkliste ———————————————— 17
    Hochzeits-Checkliste —————————————————— 18

Romantisch, originell oder festlich:
Hochzeitsmode für Braut und Bräutigam —————— 20
Das trägt die Braut —————————————————————— 20
Passende Kleidung für den Bräutigam ———————— 23

Von nützlich bis extravagant:
Die Geschenke ——————————————————————— 26
    Grundausstattungs-Checkliste —————————————— 27

Wer sitzt neben wem?
Die Tischordnung —————————————————————— 28

Liebe geht durch den Magen:
Das Hochzeitsessen ———————————————————— 30
    Dreigängiges Menü —————————————————————— 31

Fünfgängiges Menü —————————————— 32

Siebengängiges Menü ————————————— 32

Die Getränke ———————————————— 33

Die Hochzeitssuppe ————————————— 34

Die Hochzeitstorte ————————————— 34

Die Kunst des Menüdeckens ————————— 35

Trinkgeld ———————————————— 37

„Heut' ist ein Freudentag":
Toasts und Tischreden ————————————— 37

Toasts und Trinksprüche ————————— 38

Keinesfalls Schall und Rauch:
Der Familienname ———————————————— 39

Gemeinsamer Familienname ————————— 39

Doppelname ————————————————— 39

Unterschiedliche Familiennamen ——————— 40

Die Namen der Kinder —————————— 41

Im Klartext ———————————————— 41

Auch das gehört dazu:
Wichtige Papiere für die Eheschließung —————— 42

Papiere für die Eheschließung … ——————— 43

… in Deutschland ————————————— 43

… in Österreich ————————————— 43

… in der Schweiz ————————————— 44

Endlich ist es so weit:
Die standesamtliche Trauung _____ 45
   Musik für die Trauung _____ 47

Wie geht es weiter?
Gemeinsam durch dick und dünn _____ 48
   Danksagungen _____ 48
   Erinnerungen _____ 48
   Hochzeitsjubiläen _____ 50

33 Ideen für Ihre Hochzeit _____ 51
Heiraten wie im Märchen _____ 52
   Hochzeit im Dornröschenschloss _____ 53
   Trauung auf Burg Falkenstein _____ 54
   Mühlenhochzeit in Schleswig-Holstein _____ 56
   Entführung in die Welt aus Tausendundeiner Nacht _____ 57
Schiff ahoi! _____ 59
   Mit dem Schaufelraddampfer unterwegs _____ 60
   Trauung auf dem Bodensee _____ 61
   Das Jawort auf Schiffsplanken _____ 62
   Feuerfest in Neptuns Reich _____ 63
Über den Wolken … _____ 65
   Am Fallschirm in die Ehe _____ 66
   Das Jawort im Heißluftballon _____ 67
   Mit dem Hubschrauber zur Trauung _____ 69
Der große Auftritt _____ 71
   Hochzeit im Rampenlicht _____ 72
   Manege frei: Heirat im Zirkuszelt _____ 73
   Auf kaiserlichen Spuren _____ 74

Reif für die Insel ————————————— 76

   Heiraten auf Helgoland ————————— 77

   Jawort im Leuchtturm ————————— 77

Zurück in die Steinzeit ————————— 80

   Höhlenhochzeit ————————— 81

   Jawort im Bergwerk 82

Auf höchster Ebene ————————— 84

   Trauung auf dem Fernsehturm ————— 84

   Berghochzeit ————————— 85

Immer in Bewegung ————————— 87

   Zum Jawort in die Schwebebahn ———— 88

   Hochzeitsfahrt in Bus oder Bahn ———— 89

Wie im Mittelalter ————————— 90

   Ritterhochzeit auf einer Burg ——————— 90

   Heiraten in historischen Räumen —————— 92

   Schlemmen im Schloss ————————— 93

Zur richtigen Zeit und am richtigen Ort ——— 94

   Mitternachtshochzeit ————————— 95

   Auch das „Wo" ist wichtig ——————— 95

   Offen für Neues … ————————— 96

   Den Sternen nahe … ————————— 97

   Jawort im Aquarium ————————— 98

Voll im Trend ————————————— 99

   Floßfahrt auf der Isar ————————— 99

   Schäumend zu Tal —————————— 100

   Hochzeit im Planwagen ————————— 101

Servicekapitel:
Die schönsten Standesämter ——————— 102

Vorwort

Geschichtlich gesehen ist die standesamtliche Hochzeit eine relativ junge Einrichtung – gerade einmal etwas über einhundert Jahre alt. 1876 wurde sie von Bismarck als allein rechtsgültige, so genannte „Zivil-Trauung" eingeführt. Neben der kirchlichen Trauung führte sie jahrelang ein stiefmütterliches Dasein, sozusagen als Vorzeremonie vor der „richtigen" Heirat, bis zunehmend Paare begannen, auch die standesamtliche Hochzeit festlich zu begehen. Das galt und gilt besonders, wenn keine kirchliche Hochzeit geplant ist.

Wie schön eine standesamtliche Heirat gefeiert werden kann, dazu möchte Ihnen dieses Buch Anleitungen geben. Von den individuell gestalteten Einladungskarten über die Hochzeitsmode für sie und ihn bis hin zum ausgefallenen Hochzeitsessen erfahren Sie das Wichtigste, was Sie über den großen Tag wissen müssen.

Auch gibt es gesetzliche Neuerungen zur Namensregelung sowie Änderungen zur Trauzeremonie. Seit dem 1. Juli 1998 benötigen Sie beispielsweise keine Trauzeugen mehr auf dem Standesamt und auch das Aufgebot entfällt. Dafür gibt es jetzt die offizielle Anmeldung zur Eheschließung. Was das wiederum im Einzelnen bedeutet und welche Dokumente Sie hierfür vorzulegen haben, erfahren Sie in den Kapiteln: „Wichtige Papiere für die Eheschließung" und „Die standesamtliche Trauung".

Ganz besonders aber möchte Ihnen das Buch Anregungen geben, Ihren Hochzeitstag zu einem einmaligen Erlebnis werden zu lassen. Wer hat beispielsweise gesagt, dass Sie im Standesamt Ihres Wohnbezirks heiraten müssen, egal wie schlicht die Amtsstuben eventuell dort gestaltet sind? Heute gibt es die Möglichkeit, sich den Ort der Trauung etwas freier zu wählen als früher. So können Sie etwa auf einem Schiff Ihr weltliches Jawort sprechen oder in einem Schloss oder sogar auf einem Leuchtturm. Moderne Standesämter bieten zudem den Service einer Nacht- oder Wochenendtrauung. Wer möchte, kann sich auch im Heißluftballon oder im Flugzeug die Hand fürs Leben reichen.

Bei all den aufregenden Möglichkeiten, den Schritt ins gemeinsame Eheleben zu wagen, vergessen Sie bitte eines nicht: Die attraktivsten Trauungen sind meist auch am begehrtesten. Frühzeitig anmelden daher nicht vergessen.

Einen rundum traumhaften Start ins Eheleben
wünscht Ihnen

Yvonne Thalheim

Vorbereitungen für den großen Tag

*Kaum ein Familienfest wird so aufwendig gefeiert wie eine Hochzeit
und an kaum eine andere Feier sind so viele Erwartungen und guten
Wünsche geknüpft. Wichtig ist den meisten Brautleuten, dass dieser
Tag in besonderer Harmonie verläuft. Mit guter Planung und ein
wenig vorausschauender Organisation sollte es möglich sein, diesen
Wunsch in Erfüllung gehen zu lassen.*

Handgeschrieben oder gedruckt: Einladungskarten, Tisch- und Menükarten

*Natürlich könnten Sie Ihre Hochzeit telefonisch ankündigen und
später den Gästen ihre Plätze mündlich zuweisen – zum stilvollen
Rahmen einer Hochzeit gehört es jedoch, Einladungen und Platz-
zuweisungen schriftlich vorzunehmen. Auch auf die bevorstehen-
den Gaumenfreuden soll sich jeder Gast in Ruhe anhand einer Menü-
karte vorbereiten können.*

Die ersten Schritte sind getan und die wichtigsten Fragen geklärt:
Sie haben den Hochzeitstermin festgelegt und den Rahmen der
Feier besprochen. Die Eltern sind informiert und die Gästeliste wurde aufgestellt. Nun sollen es alle erfahren, dass Sie heiraten möchten, und wer an der Feier teilnehmen soll, muss möglichst bald
informiert werden.
Einladungskarten sind ein wichtiger Punkt Ihrer Hochzeitsvorbe-
reitungen. Mit ihnen beginnt sozusagen der offizielle Teil Ihrer Feier,
sie sollten deshalb bereits im Stil Ihres Festes gestaltet sein. Besonders
schön ist es natürlich, wenn die Tisch- und Menükarten die gleichen
Dekorationselemente aufweisen und somit eine Art „roter Faden"
entsteht, der die Einmaligkeit Ihrer Feier unterstreicht. Je nach Zeit-

aufwand und technischer Ausstattung stehen Ihnen vier Wege offen, Ihre Ideen schriftlich umzusetzen:

1. Den geringsten Aufwand bereiten Ihnen vorgedruckte Einladungs- karten, die von originell bis edel im Schreibwarenhandel zu erhal- ten sind. Sie brauchen nur noch Namen, Datum, Ort und Adresse einzusetzen und können diesen Punkt von Ihrer Hochzeitser- ledigungsliste streichen. Passende Tisch- und Menükarten dazu gibt's manchmal sogar schon als Set.

2. Für eine Hochzeitsfeier im großen Kreis ist es üblich, Einladungs-, Tisch- und Menükarten drucken zu lassen. Hierbei sind Ihre in- dividuellen Gestaltungsmöglichkeiten weitaus größer: Sie können Papierart, Farbe, Text und Schrift selbst auswählen und auch klei- ne Motive einfügen. Lassen Sie sich beraten und stellen Sie Preis- vergleiche an. Die Unterschiede zwischen den einzelnen Dru- ckereien können erheblich sein.

3. Wer einen PC besitzt, ist fein heraus: Er kann die Gestaltung selbst in die Hand nehmen und am Bildschirm ausprobieren, welche Fassung ihm persönlich am besten gefallen würde. Im Handel werden Vorlagen auf CD-ROM und auf Diskette angeboten, die Ihnen die Arbeit erleichtern. Außerdem gibt's vorgestanzte Blan- kokarten für den Drucker, sodass auch die lästige Schneidearbeit entfällt.

4. Den größten Aufwand bereiten Ihnen selbst gestaltete Karten. Dafür sind sie natürlich die individuellste Möglichkeit, Ihre Hochzeit anzukündigen. Von Hand angefertigte und geschriebene Karten bieten sich in der Regel nur bei einer Hochzeitsfeier im kleinen Kreis an – es sein denn, Sie nehmen sich über Wochen hin jede freie Minute Zeit, um nach und nach alle Karten herzu- stellen. Bei selbst gestalteten Karten sind Sie an die geringsten Vorgaben gebunden. Sie können auf Luftballons, Tortendeckchen und Stoffreste schreiben, Sie können kleben, binden und falten,

wie Sie möchten – ausschließlich Gewicht und Format spielen eine Rolle, denn was in keinen Briefkasten passt, ist schwierig zu verschicken.

Der Text für Ihre Einladung

Auch hier sind Sie relativ frei, die Ihnen zusagende Formulierung zu wählen. Die Zeiten, in denen steife Formsätze vorgeschrieben waren wie: „Ihre Vermählung erlauben sich anzuzeigen …", sind glücklicherweise vorbei. Heute ist vieles gesellschaftlich erlaubt und pfiffige Formulierungen lösen eher Freude als Unverständnis aus. Das Einzige, worauf Sie achten müssen: Ihre Einladungskarten sollen alle wichtigen Daten enthalten, damit Ihre Gäste wissen, wann die Feier stattfindet und wo sie hinkommen sollen. Folgendes sollte darum auf jeden Fall auf Ihren Karten stehen:

- der Anlass (Ihre standesamtliche Trauung, die daran anschließende Feier oder beides);
- die Namen der Brautleute (in der Regel wird die Braut zuerst genannt, und zwar mit ihrem Mädchennamen. Der Name des Bräutigams steht rechts oder unter dem Namen seiner zukünftigen Ehefrau);
- das Datum der Hochzeit (kaum zu glauben, aber wahr: Genau das wird manchmal vergessen!);
- Ort und Zeit der Feier (hier können Sie zwei Daten angeben: Ort und Zeitpunkt der Trauung sowie Ort und Zeitpunkt des daran anschließenden Festes. Je nachdem, ob die Gäste an beiden Terminen teilnehmen können, haben sie auch die Möglichkeit, an einer der beiden Festlichkeiten anwesend zu sein. Außerdem können Sie für auswärtige Gäste eine Wegskizze bzw. -beschreibung einfügen);
- ein Satz zur Kleiderordnung (besonders bei Mottohochzeiten und Trauungen an außergewöhnlichen Orten wie Schiff oder Leuchtturm erspart hier ein Hinweis viele Nachfragen);

■ die Bitte um Antwort (statt des formellen „u. A. w. g. – um Antwort wird gebeten" können Sie an dieser Stelle auch einfügen: „Über Ihre/eure Zusage würden wir uns sehr freuen.")

Gestaltungsvorschläge für Einladungs-, Tisch- und Menükarten

Ringe, Kutschen, Schleifen, Herzen: kleine Motive, die jedem symbolisieren: „Hier geht es um eine Hochzeit", gibt es viele. Sie können bei der Gestaltung Ihrer Hochzeitskarten mit diesen Elementen arbeiten, Sie können aber auch eigene Embleme erfinden. Das heißt, Sie spielen hierbei kreativ mit Ihren persönlichen Vorlieben – Langschläfer (Wecker) traf Nachteule –, mit Ihren Hobbys – Bratsche suchte Cello – oder mit Ihren Berufen. Auch Andeutungen auf die Art der Feier, wenn sie an einem besonderen Ort wie in einer Burg,

auf einem Schiff oder in einem Eisenbahnwaggon stattfindet, sind geeignete „Aufhänger" für originelle Karten. Schließlich ist eine Hochzeit – trotz und wegen sämtlicher Scheidungsstatistiken – ein einmaliges Ereignis, und neben Bildern gehören schön gestaltete Hochzeitskarten mit zu den beliebtesten Erinnerungs- und Sammelobjekten.

Motivkarten aus Tonkarton

Das Motiv ist in diesem Fall die ganze Karte. Übertragen Sie hierzu ein großflächiges Hochzeitsemblem wie Rose, Kutsche oder Herz auf Tonkarton und schneiden Sie es aus. Mithilfe eines Fotokopierers können Sie die Größe Ihrer Vorlage beliebig verändern, sodass Sie aus dem gleichen Motiv Einladungskarten, Tisch- und Menükarten gestalten können. Den Text setzen Sie mit Filzstift oder Füllfederhalter ein. Wer möchte, zieht sich feine Hilfslinien mit Bleistift, die sich anschließend vorsichtig wieder entfernen lassen.

Puzzlekarten

Das Prinzip ist klar: Ein Bild wird zerschnitten, bis es in unkenntliche Einzelteile zerfällt, die von jemand anderem wieder zusammengesetzt werden müssen. Auf die Einladungskarte angewendet, bedeutet dies: Gestalten Sie Ihre Einladungskarten und verschicken Sie sie in Einzelteile zerschnitten. Tisch- und Menükarten werden ebenfalls fertig gestellt, aber nicht zerschnitten. Die Schnittlinien werden mit feinen schwarzen Strichen angedeutet, sodass die Karten wie wieder zusammengesetzte Puzzles wirken.

Silhouettenkarten

Die Silhouetten der Köpfe der beiden Brautleute zieren die Deckblätter von Einladungs- und Menükarten. Auch ohne großes Zeichentalent können Sie die Vorlagen für die Karten selbst her-

stellen: Setzen Sie Braut und Bräutigam jeweils direkt vor eine
Lichtquelle und zeichnen Sie den Schlagschatten des Kopfes auf der
anderen Seite auf ein Stück schwarzen Tonkarton. Schneiden Sie
danach die Zeichnung aus. Durch Scannen oder mit einem Foto-
kopierer lassen sich mit diesen beiden Vorlagen Motive für unterschiedliche Karten anfertigen.

Haben Sie an alles gedacht?
Die Hochzeits-Checkliste

*Je individueller und ausgefallener Sie Ihre Hochzeit gestalten möch-
ten, umso mehr Gedanken müssen Sie sich vorab über den Ablauf
der Feier machen. Eine gut durchdachte Organisation steht keineswegs im Widerspruch zu einer Traumhochzeit, sondern im Gegenteil:
Sie bietet die Grundlage für einen rundum gelungenen festlichen Tag.*

Die folgende Hochzeits-Checkliste gibt Ihnen einen Überblick über
die Punkte, die normalerweise bei einer Hochzeit zu erledigen sind.
Je nach Ihren eigenen Vorstellungen von dem großen Tag lässt sie
sich kürzen oder um weitere Stichworte ergänzen. Überflüssig zu
erwähnen, dass Sie mit den Vorbereitungen so früh wie möglich
anfangen sollten. In der Regel ist es sinnvoll, mit den groben
Planungen bereits sechs bis acht Monate vorher zu beginnen.
Kopieren Sie sich diesen Plan und vervollständigen Sie ihn mit
Ihren eigenen Anmerkungen. Erledigte Punkte werden einfach
abgehakt. Damit haben Sie jederzeit einen guten Überblick über
das, was noch zu tun ist, und können sicher sein, nichts Wesentliches
zu vergessen.

Hochzeits-Checkliste

- Hochzeitstermin festlegen
- Standesamt auswählen
- Rahmen der Feier überlegen
- Kostenplan aufstellen
- Gästeliste anlegen
- Eventuell: Trauzeugen benennen
- Papiere für das Standesamt zusammenstellen
- Urlaub beantragen
- Anmeldung zur Eheschließung vornehmen (mindestens sechs Monate vorher)
- Einladungen, Tisch- und Menükarten drucken lassen
- Einladungen verschicken
- Termin für die Trauung reservieren (besonders zu empfehlen bei beliebten Hochzeitsterminen)
- Hochzeitsreise buchen
- Hochzeitsgarderobe aussuchen
- Hochzeitsgefährt (Oldtimer, Kutsche, Cabrio etc.) aussuchen und buchen
- Trauringe aussuchen
- Um die musikalische Untermalung kümmern (Band, DJ etc.)
- Fotografen (Fotos oder Video) buchen
- Hochzeitsanzeige aufgeben
- Restaurant beziehungsweise Räumlichkeiten für die Feier aussuchen und reservieren
- Menüplan für das Hochzeitsessen aufstellen
- Hochzeitskuchen bestellen
- Geschenkeliste aufstellen oder Hochzeitstisch arrangieren
- Helfer für die Feier organisieren (eventuell auch an Babysitter, private Fahrgemeinschaften etc. denken)

- Tischordnung festlegen
- Zimmer für die Hochzeitsnacht buchen
- Friseurtermin vereinbaren
- Brautstrauß bestellen
- Koffer für die Hochzeitsreise packen
- Sämtliche Termine bestätigen lassen

Romantisch, originell oder festlich: Hochzeitsmode für Braut und Bräutigam

Kleider machen nicht nur Leute, sie gehören auch zu einem richtigen Fest mit dazu. Wer jemals falsch angezogen zu einer Feier erschien, weiß, wie gut es auch der eigenen Stimmung tut, im passenden Outfit zu erscheinen.

Gerade eine Hochzeit ist ein hervorragender Anlass, um sich nach Stil und Etikette „in Schale zu werfen". Eine Ausnahme bilden hierbei die Mottohochzeiten. Wer zum mittelalterlichen Festschmaus einlädt oder Südstaatenromantik auf einem Schaufelraddampfer wieder aufleben lassen will, hat eventuell auch bestimmte Kleidungswünsche an seine Gäste. Auch die so genannten Erlebnishochzeiten können es in sich haben: In einem Heißluftballon, auf einem Leuchtturm oder auf einem Floß sind Frack und lange Robe fehl am Platz. In diesem Fall wird dann in fantasievoller Freizeitkleidung gefeiert oder die Hochzeitsgesellschaft erhält die Möglichkeit, sich während des Festes einmal umzuziehen.

Das trägt die Braut

Um es gleich vorwegzunehmen: Bei der Kleiderfrage ist heute nahezu alles erlaubt, was gefällt. In welchem Outfit Sie zum Standesamt gehen, bleibt ganz Ihren persönlichen Vorlieben überlassen. Um nicht völlig der Qual der Wahl zu erliegen, gibt es dennoch einige Eckpunkte, an denen Sie sich orientieren können:

■ Das weiße Brautkleid
Besonders wenn keine kirchliche Trauung geplant ist, bevorzugen einige Bräute für das Standesamt das weiße Brautkleid – ganz traditionell mit Schleier und Kranz. Gleichzeitig stehen sie damit vor der

fast schon klassischen Frage: leihen oder kaufen? Sehr viel Geld für
ein Kleid auszugeben, das sie nur einen einzigen Tag lang tragen,
davor schrecken viele Bräute zurück. Andererseits möchten sie auch
nicht die Bedeutung der Einmaligkeit eines weißen Brautkleides
schwächen, indem sie ein geliehenes Kleid tragen. Eine wie auch
immer schwierige Entscheidung, die jeder beziehungsweise jede für
sich allein fällen muss. Den Ausschlag gibt sicher das Gewicht, das
die Hochzeit für beide Brautleute hat.

■ Kleidungsstil der Braut als Maßgabe

Mit ihrem Kleid bestimmt die Braut gleichzeitig, in welchem Rahmen sich der Bräutigam zu kleiden hat, und auch die Gäste sollten
sich am Kleidungsstil der Braut orientieren. Kein Gast sollte mit seinem Outfit die beiden Brautleute „überstrahlen", denn die Hochzeit
ist ausdrücklich der Fest- und Freudentag des frisch vermählten
Paares. Üblich ist es, wenn sich Braut und Bräutigam gemeinsam
über die Kleiderfrage verständigen. Allerdings gilt nach wie vor:
Der Bräutigam darf das Festkleid seiner Zukünftigen nicht vor der
Hochzeit sehen! Das soll großes Unheil heraufbeschwören – schlim-
mer noch als ein zerbrochener Spiegel oder eine schwarze Katze
von rechts!

■ Sitz des Brautkleids

Die Braut muss sich in ihrem Kleid wohl fühlen. Das ist mit der
wichtigste Grundsatz. Wenn das Kleid nicht zu Art und Stil der
Braut passt, kann es ihr den ganzen Festtag verderben. Deshalb ein
durchaus ernst zu nehmender Tipp: Schauen Sie nicht nur im Stand
in den Spiegel, sondern bewegen Sie sich eine Weile in dem Kleid,
das Sie am liebsten bei Ihrer Trauung tragen möchten. Versuchen Sie,
sich zu setzen. Ist Tanzen möglich und könnten Sie auch an kleine-
ren Bewegungsspielen teilnehmen?

■ Weitere Kleidungsvariationen

Neben dem weißen Traumkleid gibt es eine Reihe von Variationen, die für eine standesamtliche Trauung angemessen sind. Zu den beliebtesten Kombinationen gehören das Kostüm sowie der Hosenanzug. Als Farbe wird hier ebenfalls klares Weiß bevorzugt, aber auch gebrochenes Weiß, oft als Elfenbein, Champagner oder Creme bezeichnet, findet immer häufiger Anklang. Reines Weiß lässt manche Bräute blass erscheinen, während der gebrochene Ton hellere Hautfarben besser zur Geltung bringt.

Wer möchte, wählt alternativ ein kräftiges Rot – die Farbe der Liebe –, aber auch ein fröhliches Gelb oder ein zartes Grün sind schöne Farben für ein Brautkleid.

Eindeutig abzuraten ist bei einer im weitesten Sinne konventionellen Hochzeit von der Farbe Schwarz. Auch wenn sie manchen Bräuten hervorragend stehen würde, ist sie eindeutig dem Bräutigam vorbehalten. Bei der Braut würde sie als Farbe der Trauer gedeutet. Schwarz ist also tabu, es sei denn, Sie wollen bewusst aus dem Rahmen fallen. Dann wiederum wäre ein weiß gekleideter Bräutigam eine reizvolle Variante.

■ Accessoires

Nicht zu unterschätzen ist die Wirkung von Accessoires. Selbst das aufwendigste Traumkleid würde ohne Schleier oder Kranz nicht wie eine Brautrobe wirken. Umgekehrt können Sie ein schlicht geschnittenes Mantelkleid mit passendem Hut, Strümpfen und Schuhen in ein passendes Hochzeitsgewand verwandeln. Wer sich traut, wählt Handschuhe zu einem Kleid mit kurzen Ärmeln.

■ Kleidungsstil bei außergewöhnlichen Trauungen

Für außergewöhnliche Trauungen kann es erforderlich sein, die Idee vom Brautkleid völlig neu zu überdenken. Wer beispielsweise unter

Wasser heiraten möchte oder am Fallschirm in die Ehe startet, muss der Umgebung entsprechende Kleidung tragen. Gerade hier können Accessoires wie kleine Schleifen, Bänder oder Ansteckblumen der Garderobe das nötige Flair verleihen.

Die Brautausstattung:
- Kleid, Kostüm oder Hosenanzug
- Jacke oder Mantel
- Hut, Kranz oder Schleier (nur bei weißem Brautkleid)
- eventuell: Handschuhe
- Dessous inklusive Strümpfe
- Schuhe
- Handtasche oder Pompadour
- eventuell: Halskette, Armband, Ohrringe
- wer möchte: Schleifen, Bänder, Ansteckblumen
- zum Einplanen: Brautstrauß
- passendes Make-up

Passende Kleidung für den Bräutigam

Wie bereits erwähnt: Sein Outfit hängt von ihrer Kleiderwahl ab. Sollte sie von einem Brautkleid in Weiß mit allem was dazugehört träumen, muss er sich für Frack, Cut oder Stresemann entscheiden. Wählt sie dagegen ein elegantes Kostüm, reicht ein Smoking oder auch ein dunkler Anzug. Verzichtet die Braut ganz auf Weiß, kann der Bräutigam auch hellere Töne nehmen und beispielsweise im sandfarbenen edlen Seidenanzug auf dem Standesamt erscheinen. Auch hier bilden die Accessoires wieder das berühmte Tüpfelchen auf dem i. Vom Einstecktüchlein über die passende Krawatte beziehungsweise Fliege bis zu den farblich auf die Hose abgestimmten Strümpfen und Schuhen sollte alles eine harmonische Einheit bilden.

■ Der Frack

Er wird ausschließlich zu hohen festlichen Gelegenheiten getragen. Für eine Hochzeit im großen Stil ist er die richtige Kleidung. Streng genommen sollten Sie ihn allerdings nur während der Trauung und dann erst wieder abends zur Hochzeitsfeier tragen. Das bedeutet, Sie müssen sich unter Umständen im Laufe des Festtages zwei- bis dreimal umziehen.

Wer noch nie einen Frack getragen hat, sollte vorher unbedingt ausprobieren, ob er sich in dem feinen Kleidungsstück mit dem taillenkurzen Frackrock, dem Frackhemd mit dem Kläppchenkragen und der Weste aus Pikee auch wohl fühlt. Stilecht zum Frack sind ein Zylinder und eine goldene Taschenuhr – genau so, wie es auf den Fotos unserer Urgroßeltern manchmal abgebildet ist.

■ Der Stresemann

Der Stresemann ist ebenfalls ein empfehlenswerter Hochzeitsanzug. Er wird vormittags getragen und ist erkennbar an der grau-schwarz gestreiften Hose sowie an dem dunklen Jackett mit den abgerundeten Ecken. Seinen Namen bekam er von Gustav Stresemann, dem ehemaligen Reichsaußenminister, der ihn zu verschiedenen festlichen Anlässen trug, unter anderem auch anlässlich der Locarno-Konferenz im Jahre 1925. Eine perfekte Abrundung erhält der Stresemann durch einen schwarzen Homburg (ein steifer Herrenhut) oder eine klassische Melone.

■ Der Cut

Er ist die dritte Variante aus der Runde der großen Festanzüge. Der Cut wird ebenfalls am Vormittag getragen. Gekennzeichnet ist er durch sein außergewöhnlich geschnittenes Jackett, dessen Rückenteil bis fast zu den Kniekehlen reicht. Zu ihm passen ein grauer Zylinder, Glacéhandschuhe und eine Nelke am linken Revers.

■ Der Smoking

Obwohl er als „Klassiker der Nacht" gilt, darf man ihn auch nach der Etikette bereits morgens auf dem Standesamt tragen. Er passt zur eleganten Braut im Kostüm oder zum Hosenanzug ebenso wie zur festlichen Braut in Weiß. Typisch für ihn ist der Kummerbund, ein breiter, in kleine Falten gelegter Stoffgürtel, der den Hosenbund und die Taille verdeckt. Mit Kummer hat dieses Kleidungsstück übrigens nichts zu tun, sondern es wurde vermutlich von dem Begriff „kamarband" abgeleitet, einem orientalischen Lendengurt aus Seide. Während der Kolonialherrschaft entdeckten die Engländer die Vorzüge dieser Seidenschärpen und führten sie in ihrer Heimat ein.

■ Der dunkle Anzug

Zusammen mit den passenden Accessoires wie einem weißen Hemd, einem schwarzen Gürtel, knielangen schwarzen Strümpfen sowie schwarzen Schnürschuhen ist auch der dunkle Anzug ein passendes Hochzeitsoutfit für den Bräutigam. Eine Krawatte, die so gebunden ist, dass ihre Spitze knapp oberhalb des Gürtels endet, rundet das Bild ab. Wer möchte, kann stattdessen auch eine Fliege wählen und ein farblich passendes Einstecktuch tragen.

■ Weitere Kleidungsvariationen

Wie bereits bei der Brautausstattung erwähnt, gelten die Kleidervorschriften natürlich nur für klassische Hochzeiten. Wer sich für die Trauung aufs oder sogar ins Wasser begibt, Leuchttürme besteigt oder gar mit unterschiedlichen Fluggeräten in die Luft geht, kann keine Etikette einhalten, sondern muss seine eigene Hochzeitskleidung finden. Mit Accessoires wie beispielsweise Einstecktüchern oder Fliegen lassen sich sicher fantasievolle Kreationen finden.

Von nützlich bis extravagant: Die Geschenke

Aus den Erfahrungen ihrer Vorgänger klug geworden sind im wahrsten Sinne die heutigen Hochzeiter, die ihren Gästen das „Wünscheraten" abnehmen und eine Geschenkewunschliste aufstellen. So verhindern sie nicht nur die mittlerweile legendäre Salatschüssel in dreifacher Ausführung, sondern ergreifen gleichzeitig die Möglichkeit, sinnvoll den jungen Hausstand zu ergänzen.

Je genauer die Vorstellungen des Brautpaares darüber sind, was sie sich wünschen, umso einfacher ist es für den Schenkenden. Deshalb ist hier Zurückhaltung fehl am Platz: Beschreiben Sie Ihre Wünsche so präzise wie möglich, eventuell mit Hersteller, Bestellnummer und Preis. Planen Sie vom kleinen Mitbringsel bis zum großen Präsent verschiedene Ausgabekategorien ein, damit den Gästen ein Entscheidungsspielraum bleibt. Eventuell möchte einer beispielsweise statt einer großen Gabe mehrere Kleinigkeiten schenken.

Manche Brautpaare entscheiden sich auch für einen Geschenketisch. Hierfür suchen sie in einem Fachgeschäft oder Warenhaus geeignete Gegenstände aus, die dann zu einem hübsch gedeckten Hochzeitstisch zusammengestellt werden. Ihre Verwandten und Freunde können sich daraufhin das entsprechende Geschenk für Sie aussuchen. Auswärtige Gäste können sich in dem Fachgeschäft telefonisch erkundigen, welche Gaben noch frei sind, und daraufhin ihre Wahl treffen.

Wem dieses organisierte Schenken zu kommerziell erscheint, kann sich auch eine Mischform überlegen und ausdrücklich darauf hinweisen, dass weder die Geschenkeliste noch der Geschenketisch ein Muss bedeuten und dass eigene Ideen der Gäste gern gesehen sind.

Grundausstattungs-Checkliste

- ☐ Kaffeeservice
- ☐ Teeservice
- ☐ Speiseservice
- ☐ Salatschüsseln
- ☐ Essbesteck
- ☐ Kuchengabeln
- ☐ Tortenheber
- ☐ Salatbesteck
- ☐ Wassergläser
- ☐ Teegläser
- ☐ Rotweingläser
- ☐ Weißweingläser
- ☐ Sektkelche
- ☐ Töpfe und Pfannen
- ☐ Kuchenformen
- ☐ Kaffeemaschine
- ☐ Küchenmaschine
- ☐ Handrührgerät
- ☐ Eierkocher
- ☐ Küchenwaage
- ☐ Toaster
- ☐ Fritteuse
- ☐ Elektromesser
- ☐ Schnellkochtopf
- ☐ Raclette
- ☐ Wok
- ☐ Dosenöffner
- ☐ Tischdecken
- ☐ Geschirrtücher

- ☐ Badetücher
- ☐ Saunatücher
- ☐ Bettwäsche
- ☐ Bügelbrett
- ☐ Staubsauger
- ☐ Haarföhn
- ☐ Wäscheständer
- ☐ Putzeimer
- ☐ Wäschekorb
- ☐ Handbesen mit Schaufel
- ☐ Schuhputzzeug
- ☐ Haushaltsleiter
- ☐ Werkzeugkasten

Wer sitzt neben wem?
Die Tischordnung

Manchmal ist es gut, wenn es Regeln gibt. Ohne ein paar Richtlinien der Tischordnung könnte aus der Platzfrage nämlich leicht eine endlose Diskussion entstehen. Nehmen Sie sie deshalb als Gerüst, das Ihnen den Grundaufbau liefert – den Rest können Sie dann selbst zusammenstellen.

Drei Dinge müssen Sie wissen, bevor Sie Ihre Tischordnung aufstellen können: Erstens, wie viele Gäste kommen, also wer seine Teilnahme an der Feier zu- und wer sie abgesagt hat. Zweitens müssen Sie die Form der Tafel beziehungsweise die Anzahl der Tische festgelegt haben und dazu müssen Sie drittens auch den Raum kennen, in dem gefeiert wird.

Steht dies alles fest, machen Sie sich einen Plan der Tische und tragen darauf - am besten mit einem Bleistift – die Plätze mit den Namen der Gäste ein. Beginnen Sie mit dem Brautpaar. Die frisch gebackenen Eheleute sitzen auf jeden Fall nebeneinander. Dadurch unterscheidet sich die Tischordnung für eine Hochzeit von den sonst üblichen Sitzverteilungen, bei denen die Gastgeber in der Regel getrennt einander gegenübersitzen. Damit Braut und Bräutigam von allen Gästen möglichst gut gesehen werden können, sitzen sie in der Mitte der Längsseite eines Tisches. Das gilt vor allem für die üblichen Tafelformen U, E und T. Bei mehreren Tischen sollte das Brautpaar den mittleren wählen. Direkt neben den Brautleuten sitzen die Eltern, die Braut neben ihrem Schwiegervater, gefolgt von ihrer Schwiegermutter, und der Bräutigam sitzt neben seiner Schwiegermutter, gefolgt von seinem Schwiegervater. Als Variante ist es auch möglich, den Brautvater seiner Tochter und die

Mutter des Bräutigams ihrem Sohn gegenüberzusetzen. Wenn es
Trauzeugen gibt, belegen diese die nächsten Plätze. Danach folgen in
der Regel die Großeltern und die Geschwister des Hochzeitspaares.
Onkel, Tanten und Freunde können anschließend in loser Reihenfolge um die übrige Tafel gruppiert werden.

Da bei einer Hochzeit jeweils zwei Familien anwesend sind, die sich
untereinander oft noch nicht so gut kennen, ist es angebracht, die
Familienmitglieder bewusst zu vermischen. Das erfordert natürlich
Fingerspitzengefühl und auch Hintergrundwissen. Manche Brautpaare lassen sich hierbei von ihren Eltern beraten. Übrigens: Bis
auf die Brautleute, die Eltern und Großeltern werden Paare grundsätzlich auseinander gesetzt. Kinder begrüßen es, wenn sie einen
eigenen „Kindertisch" bekommen, der sie ein wenig den strengen
Augen der Erwachsenen entzieht. Doch Vorsicht: Jugendliche
wiederum schätzen es, am Tisch der Erwachsenen zu sitzen. Sie
würden sich am Kindertisch nicht mehr wohl fühlen.

Bei allen Schwierigkeiten, möglichst jedem einen guten Platz zuzu-
weisen, sollten Sie nicht vergessen, dass sich spätestens nach dem
Dessert die Tischordnung auflockert und die Gäste eigene Gruppen
bilden. Besonders wenn Spiele und Tanz angesagt sind, werden
manchmal sogar die Tische verschoben und Fragen der Rangord-
nung und Wertschätzung sind damit völlig nebensächlich geworden.

Liebe geht durch den Magen: Das Hochzeitsessen

Wie ausgefallen und üppig das Hochzeitsmahl ausfallen wird, hängt sicher zum großen Teil von Ihrem Budget ab, das Ihnen für Ihre Feier zur Verfügung steht. Auch spielt die Anzahl der Gäste eine Rolle sowie der Ort der Hochzeitsfeier. Neben einem klassischen Menü mit drei, fünf oder sieben Gängen können Sie Ihre Gäste natürlich auch mit einem kalten oder warmen Buffet bewirten.

Gemeinsam mit seinen Verwandten und Freunden zu essen und zu trinken ist besonders bei einer Hochzeit Ausdruck von Freude und Verbundenheit. Deshalb kommt dem Hochzeitsessen nach der Trauung die Bedeutung eines zweiten großen Höhepunktes zu. Das Essen soll dazu beitragen, dass sich alle Gäste wohl und auch ein wenig zu Hause fühlen, dass sie in angeregter Stimmung sind und Lust dazu haben, sich mit ihren Tischnachbarn über interessante Themen zu unterhalten. Natürlich muss für jeden auch ein „Schmankerl" dabei sein, doch nicht immer ist es einfach, alle Vorlieben zu treffen – besonders, wenn sich Vegetarier, Fischliebhaber und Französische-Küche-Fans zusammen in einer Runde befinden. Sollten Sie die verschiedenen Wünsche kennen, können Sie bei der Menüplanung darauf eingehen und Alternativgerichte anbieten, andernfalls muss der eine oder andere auf eine Beilage oder ein kleines Zwischengericht verzichten und wird dafür beim nächsten Gang mit einer besonderen Gaumenfreude belohnt.
Vorteile bietet in diesem Fall das kalte oder warme Buffet. Hier kann jeder Gast nach seinem Belieben die Speisenfolge zusammenstellen und Dinge, die er weniger mag, einfach weglassen. Ob Sie sich nun für das Menü oder das Buffet entscheiden: Lassen Sie sich

auf jeden Fall beraten und besprechen Sie die Einzelheiten mit dem Koch des Restaurants oder Hotels, das Sie für Ihre Feier ausgesucht haben. Er wird Ihnen geeignete Kombinationen vorschlagen und einen groben Preisüberblick geben. Manche Gaststätten bieten auch direkt spezielle Hochzeitsessen an, damit Ihnen die Wahl leichter fällt.

Möglicherweise haben Sie selbst auch eine Vorstellung und möchten beispielsweise Ihr Hochzeitsessen unter ein Thema stellen. So können Sie unter anderem ein italienisches Essen anbieten mit kleinen Vorspeisen, Grappa und Espresso am Schluss. Oder Sie lassen Ihren Gästen eine arabische Mahlzeit servieren – eventuell mit Bauchtanzeinlage – oder aber Sie entscheiden sich für ein japanisches Buffet. Möglichkeiten gibt es viele und gerade das Hochzeitsessen bietet die Gelegenheit, einmal etwas Neues auszuprobieren – vorausgesetzt, die Mehrzahl der Gäste ist offen dafür.

Bei all der Vielfalt ist es gut, wenigstens die Grundregeln zu kennen, nach denen die Speisen kombiniert werden; sie lassen sich außerdem leicht merken:

- Fischgerichte werden vor Fleischgerichten serviert.
- Kalte Speisen reicht man vor warmen Speisen.
- Leichte Weine werden vor schweren Weinen getrunken und trockene Weine serviert man vor den lieblichen.

Die Reihenfolge eines klassischen Menüs ist ebenfalls einfach einzuhalten:

Dreigängiges Menü

- Vorspeise
- Hauptgang (Fleisch oder Fisch)
- Dessert

Fünfgängiges Menü

- Vorspeise
- Fischgang
- Fleischgang
- Käse
- Dessert

Siebengängiges Menü

- Vorspeise
- Suppe
- Zwischengericht
- Sorbet
- Hauptgang (Fleisch, Geflügel oder Fisch)
- Käse
- Dessert/Obst

Ein Buffet wird übrigens nach der gleichen Reihenfolge wie ein Menü aufgebaut, nur können hier die Gäste ihre Speisenkombination selber zusammenstellen. Im Gegensatz zu einem Menü kann das Buffet auch an den verschiedensten Orten serviert werden, ein Aspekt, der besonders bei ausgefallenen Hochzeitsfesten beispielsweise in einem Nostalgiezug, auf einem Hausboot oder in einer mittelalterlichen Burg eine Rolle spielen kann. Sie benötigen zudem kein oder kaum Servierpersonal. Ein Buffet erfordert von Ihren Gästen allerdings ein gewisses Maß an Eigeninitiative – sie müssen von ihren Plätzen aufstehen, für Teller und Besteck sorgen und dieses eventuell sogar wieder wegbringen – dafür trägt es aber auch dazu bei, dass die unterschiedlichen Mitglieder der Hochzeitsgesellschaft miteinander ins Gespräch kommen. Ebenso wie das Menü wird auch das Buffet mit einer kleinen Rede eröffnet.

Die Getränke

Leicht werden bei der Kalkulation der Hochzeitskosten die Getränke zu niedrig eingeschätzt oder gar übersehen. Je nachdem, welchen Wein oder Sekt, welche Liköre und Säfte Sie reichen, können die Kosten bis zur Hälfte des Menüpreises betragen.
Viel vom Geschmack der Speisen hängt von dem richtigen Getränk ab. Besonders wenn Sie ein ausgefallenes Essen planen, lassen Sie sich bei der Getränkewahl am besten von einem Fachmann beraten. Grobe Richtlinien gibt es auch hier, nach denen Sie sich richten können:

- Champagner, Sherry oder Portwein sind klassische Aperitifs, die sich wunderbar als „Magenöffner" eignen. Besonders im Sommer wird auch gern ein Campari getrunken, der dann sehr erfrischend wirkt.
- Zu den Hauptgerichten werden in der Regel Wein und Tafelwasser serviert. Sie können zwei Weinsorten als Alternative anbie-

ten, mit Fachberatung ist es aber auch möglich, zu jedem Gang den optimal passenden Wein zu servieren.

■ Als Digestif, der zum Kaffee gereicht wird, nimmt man üblicherweise Hochprozentiges: ein Whisky, Weinbrand oder Cognac wird häufig von den Herren bevorzugt, weibliche Mitglieder der Hochzeitsgesellschaft greifen nach wie vor gern zu einem Likör.

Die Hochzeitssuppe

Keineswegs ist sie mit üblichen Suppen zu vergleichen, wohnt ihr doch – dem Volksglauben nach – ein wenig Magie inne. Eine gute Hochzeitssuppe besteht aus einer klaren Brühe und einer Vielzahl von Einlagen wie Fleischklößchen, Nudeln und Gemüse. Je mehr Beigaben sie besitzt, umso fruchtbarer soll das Brautpaar werden. Wer also mit dem Kindersegen noch ein wenig warten möchte, sollte eher eine magere Hochzeitssuppe servieren.

Die Hochzeitstorte

Bereits bei den alten Römern soll die Hochzeitstorte eine wichtige Rolle gespielt haben. Bei ihnen war es ein einfacher Kuchen, den man gemeinsam aß. Ein Rest wurde über dem Kopf der Braut zerbröselt mit der Bitte an die Götter, dem jungen Paar Kinder zu schenken. Aus dem einfachen Kuchen entwickelte sich mit der Zeit eine mehrschichtige Hochzeitstorte, die teilweise eine Höhe von bis zu zwei Metern erreichte. Heute sind die Torten wieder auf ein handliches Tischformat zurückgegangen mit maximal drei bis fünf „Stockwerken", allesamt reich mit Marzipan, Creme und Sahne garniert. Die oberste Schicht ziert ein kleines Deko-Brautpaar aus Marzipan oder Kunststoff. Auch Rosen, Tauben, Ringe oder Herzen werden gern als Hochzeitssymbole zur Dekoration der Torte genommen. Die Größe der Torte sollte so bemessen sein, dass jeder Gast mindestens ein Stück davon erhält. Serviert wird sie entweder

direkt nach dem Menü, zu Beginn der Kaffeestunde oder als Mitter-
nachtsüberraschung mit Wunderkerzen bestückt.

Das Anschneiden übernimmt nach altem Brauch das Brautpaar, und
zwar hält sie dabei das Messer und er führt ihre Hand. Das soll für
langes Eheglück sorgen. Einem weiteren Aberglauben zufolge soll
das Brautpaar sich mit einem Stück dieser Torte gegenseitig füttern.
Auch dieses soll sich harmonisch auf die Fortdauer der Beziehung
auswirken. Noch ein Tipp: Geben Sie, sofern Sie unverheiratete
Schwestern besitzen, Ihren Eltern ein hart getrocknetes Stück
Hochzeitskuchen zum Aufbewahren mit nach Hause. Dieses
Stück soll bewirken, dass auch Ihre Schwestern einen passenden
Ehepartner finden und heiraten werden. Alles, wie gesagt, reiner
Aberglaube – aber vielleicht macht es dem einen oder anderen
Freude, es als eine Art alte Sitte wieder aufleben zu lassen.

Die Kunst des Menüdeckens

Gerade bei einer großen und wichtigen Feier wie einer Hochzeit
soll natürlich alles bis aufs kleinste Detail stimmen. Ganz besonders
gilt das auch für das richtige Auflegen der Gedecke. Die richtige
Reihenfolge einzuhalten ist weitaus einfacher, als es vielleicht zunächst den Anschein hat.

Der zentrale Punkt eines Gedecks ist der Platzteller. Er ist größer als
ein normaler Essteller und oft auch nicht aus Porzellan, sondern aus
Silber oder edlem Glas. Er bleibt während des ganzen Essens vor
dem Gast stehen. Sämtliche Gerichte werden auf separaten Tellern
nacheinander auf dem Platzteller serviert. Für gebundene Suppen ist
der Suppenteller, für klare Brühen die Suppentasse zu decken.
Zur Vorspeise oder Suppe kann links oben ein kleiner Brotteller für
Brot und Butter stehen. Sollten Sie Ihren Gästen Schalentiere,
Spargel oder Obst servieren, steht an diesem Platz eine mit lauwar-
mem Wasser gefüllte Fingerschale.

Bereits zu Beginn des Essens liegt neben und über dem Platzteller
sämtliches Besteck, das für die Gänge benötigt wird. Die Gabeln
werden links, die Messer rechts vom Teller gedeckt, die Dessertlöffel
liegen oben. Wenn der erste Gang aus einer Suppe besteht, liegt der
Suppenlöffel rechts. Wichtig: Bei mehrgängigen Menüs wird das
Besteck von außen nach innen gedeckt, das heißt, der Gast findet
die passenden Gabeln, Messer oder Löffel stets außen vor.
Die Gläser werden schräg gestaffelt rechts vom Teller angeordnet.
Auch hier gilt wieder die Reihenfolge: von außen nach innen.
Wer es ganz genau nimmt, lässt die Messerspitzen des jeweiligen
Gerichtes auf das passende Glas zeigen.

Trinkgeld

Über seine Höhe streiten sich oftmals die Geister. In der Regel liegen Sie richtig, wenn Sie fünf bis zehn Prozent der Rechnungssumme als Trinkgeld ansetzen.

„Heut' ist ein Freudentag": Toasts und Tischreden

Was wäre eine Hochzeit ohne Tischrede? Ihr würde Wesentliches fehlen – eben das berühmte Körnchen Salz in der Suppe.

Traditionell greift der Brautvater beim Festessen zum Glas, klopft leicht daran, erhebt sich und bittet alle Anwesenden kurz um ihr Gehör. Was dann folgt, sind je nach Stimmung und Temperament des Redners fröhliche, kleine Anekdoten zum „Vorleben" der Braut, wehmütige Erinnerungen an vergangene Tage oder fürsorgliche Ermahnungen für die Zukunft. Auf jeden Fall wird diese Rede den Anwesenden zu Herzen gehen, denn oft enthält sie ein wenig von offizieller Übergabe der Tochter an ihr eigenes Leben – unabhängig davon, wie lange diese Tochter schon nicht mehr im Hause ihrer Eltern wohnt.
Den Regeln nach spricht der Brautvater zwischen der Vorspeise und dem darauf folgenden Gang. Auf seine Rede hin ergreift meist der Vater des Bräutigams das Wort. Manchmal wenden sich auch die Mütter beziehungsweise Schwiegermütter an die Brautleute und Gäste. In jüngerer Zeit ist es sogar Sitte geworden, dass sich das Brautpaar selbst zu Wort meldet, die Gäste begrüßt, sich bei den Eltern bedankt und gemeinsam mit allen auf eine gute Zukunft anstößt.

Nach diesen Redebeiträgen sollte auf jeden Fall der nächste Menügang folgen. Bei einer weiteren Rederunde können dann – wenn sie es wünschen – Großeltern, nahe Verwandte und Freunde ihre Glückwünsche dem frisch gebackenen Ehepaar überbringen. Bei einer großen Rednerbeteiligung ist es angebracht, den Zeitplan vorher mit dem Restaurant abzusprechen, damit der Hauptgang in der Zwischenzeit nicht kalt wird. Dafür, dass auch die Zuhörer nicht überstrapaziert werden, sorgt die ungeschriebene Regel: Keine Rede dauert länger als fünf Minuten. Wenn sich alle Beteiligten daran halten, wird auch die Zeit für die Zuhörer nicht lang und das Festmahl ein voller Erfolg.

Toasts und Trinksprüche

Toasts und Trinksprüche gehören an den Schluss einer guten Rede. Sie sind das Signal für alle Anwesenden, ebenfalls ihre Gläser zu heben und auf das Wohl des Hochzeitspaares zu trinken. Die Bezeichnung „Toast" leitet sich übrigens von dem früheren englischen Brauch ab, vor dem Ausbringen des Trinkspruches ein Stück Toast in das Glas zu tauchen.

Keinesfalls Schall und Rauch: Der Familienname

„Früher war alles ganz einfach", könnten konventionelle Geister eventuell sagen. Da übernahm die Frau bei ihrer Heirat automatisch den Namen ihres Ehemannes und die Angelegenheit war damit geregelt. Heute besteht diese Möglichkeit zwar grundsätzlich auch noch, aber darüber hinaus können die Ehepartner zwischen verschiedenen Variationen ihrer Nachnamensgestaltung wählen.

Begonnen hat alles in den 80er-Jahren, als die öffentliche Diskussion um den Familiennamen begann. Hierbei ging es hauptsächlich um die Frage, ob Eheleute einen gemeinsamen Nachnamen tragen müssen oder ob sie sich auch getrennt für ihre Geburtsnamen entscheiden können.

Diese und andere Fragen sind seit dem 1. April 1994 amtlich geklärt: Es gilt seitdem das so genannte „geschlechtsneutrale" Namensrecht. Und das bedeutet im Einzelnen:

Gemeinsamer Familienname

Das Paar kann sich für einen gemeinsamen Ehenamen entscheiden. Dies kann der Geburtsname des Mannes oder der Frau sein. Für andere, beispielsweise nachträglich angenommene Namen gilt das nicht.

Doppelname

Keiner der Ehepartner muss jedoch ganz auf seinen Geburtsnamen verzichten. Wenn er möchte, kann der Partner, dessen ursprünglicher Nachname nicht Familienname wurde, diesen seinem neuen Namen nach- oder voranstellen. Einen Doppelnamen darf allerdings nur einer der beiden Eheleute tragen.

Unterschiedliche Familiennamen

Auch wenn es manchem noch ungewohnt erscheint: Eheleute dürfen ihre bisherigen Nachnamen behalten und müssen somit keinen gemeinsamen Familiennamen führen. Als bisheriger Nachname gilt auch ein früherer Ehename. Sollten sich die Eheleute innerhalb einer Frist von fünf Jahren dennoch auf einen gemeinsamen Familiennamen einigen können, ist eine Änderung noch möglich. Ausname: Sobald Kinder da sind, müssen sich die Ehepartner auf einen Familiennamen einigen. Gemeinsamer Familienname kann nur der Geburtsname, nicht aber ein früherer Ehename werden.

Standesamt Coburg: Trauungen finden hier im so genannten Burglaßschlösschen statt

Die Namen der Kinder

Um keinen vollständigen Namenswirrwarr entstehen zu lassen, entschied der Gesetzgeber: Keine Doppelnamen für Kinder. Somit erhalten Kinder ausschließlich den gemeinsamen Familiennamen, also den Geburtsnamen des Vaters oder der Mutter.

Im Klartext

Anna Bertram, geborene Ahrendt, könnte in ihrer zweiten Ehe weiterhin Anna Bertram heißen, sie könnte sich aber auch wieder für ihren Geburtsnamen Anna Ahrendt entscheiden. Ahrendt könnte gleichzeitig der Name Ihres Mannes und ihrer Kinder werden.
Ihr Mann, Zenno Zobel, hat die gleiche Wahl. Auch er könnte den Namen einer früheren Ehe beibehalten oder seinen Geburtsnamen Zobel wählen. Gleichzeitig könnten natürlich beide Eheleute wahlweise auf ihre Geburtsnamen verzichten und denjenigen des Partners annehmen: Anna Zobel oder alternativ Zenno Ahrendt.
Dieser Familienname wäre dann auch gleichzeitig der Name ihrer Kinder.
Sozusagen solo könnte einer der Ehepartner einen Doppelnamen führen, indem er seinen Geburtsnamen voranstellt oder anhängt: Anna Zobel-Ahrendt, Anna Ahrendt-Zobel oder Zenno Zobel-Ahrendt, Zenno Ahrendt-Zobel.

Auch das gehört dazu: Wichtige Papiere für die Eheschließung

Dass die Ehe auch eine rechtliche Angelegenheit ist, wird spätestens bei der Zusammenstellung der Papiere für das Standesamt deutlich. Dies ist keineswegs ein Argument gegen eine Trauung, nur eines gegen Unwissen: Rechte und Pflichten gehören schließlich zu jeder guten Beziehung. Was der Staat im Einzelnen darunter versteht, sollten sich beide Partner allerdings vorher deutlich klarmachen.

„Das Standesamt ist das Amt zur Erledigung der im Personenstandsgesetz vorgesehenen Aufgaben, insbesondere zur Führung der Personenstandsbücher", heißt es schlicht und einfach in Meyers großem Taschenlexikon von 1995. Doch genau das ist es, was sich – rechtlich gesehen – bei einer standesamtlicher Trauung vollzieht: zwei Menschen ändern ihren Personenstand. Hierfür gibt es einige Regeln zu beachten.

Die Eheschließung gliedert sich in zwei Teile: erstens die Anmeldung zur Eheschließung und zweitens die Trauung. Die Anmeldung muss bei einem Standesamt erfolgen, wo einer der beiden Brautleute mit seinem Haupt- oder Nebenwohnsitz gemeldet ist. Die Trauung selbst kann bei einem Standesamt Ihrer Wahl erfolgen beziehungsweise sie kann sogar außerhalb des Standesamtes vollzogen werden. Genau deshalb ist es heute auch möglich, in Schlössern oder Burgen, auf Schiffen und sogar auf Leuchttürmen zu heiraten.

Außerdem ist für Heiratswillige wichtig zu wissen: Die Anmeldung zur Eheschließung ist frühestens sechs Monate vor der Trauung möglich. Darüber hinaus braucht seit dem 1. Juli 1998 kein Aufgebot mehr bestellt zu werden und auch Trauzeugen sind für die standesamtliche Trauung nicht mehr vorgeschrieben. Wer möchte, kann jedoch nach wie vor mit Trauzeugen heiraten, nur muss er diesen Wunsch vorher ausdrücklich äußern.

Papiere für die Eheschließung ...

... in Deutschland:

- Personalausweis oder Reisepass.
- Die Abstammungsurkunde oder eine beglaubigte Abschrift aus dem Familienbuch.
- Die Aufenthaltsbescheinigung. Sie ist bei der Meldebehörde des Hauptwohnortes erhältlich.
- Ausländer und unter Umständen auch Aussiedler benötigen den Nachweis der Staatsangehörigkeit.
- Geschiedene benötigen zusätzlich das rechtskräftige Scheidungsurteil der vorangegangenen Ehe.
- Verwitwete brauchen eine beglaubigte Abschrift aus dem Familienbuch oder einen Totenschein.
- Wenn einer oder beide Partner minderjährige Kinder aus früheren Ehen haben, müssen die hierfür notwendigen Unterlagen beim zuständigen Standesamt erfragt werden.

... in Österreich:

- Der Staatsbürgerschaftsnachweis.
- Die Abschrift aus dem Geburtenbuch. Sie ist beim Standesamt des Geburtsortes erhältlich und darf nicht älter als sechs Monate sein.
- Die polizeiliche Aufenthaltsbestätigung. Sie ist bei der Gemeindeverwaltung am Wohnsitz erhältlich.
- Der Nachweis über gemeinsame Kinder.
- Geschiedene benötigen einen Nachweis über die Auflösung der Vorehen, also jeweils ein rechtsgültiges Scheidungsurteil, sowie die Heiratsurkunden.
- Verwitwete brauchen die Heirats- sowie die Sterbeurkunde.

… in der Schweiz:

- Den Personenstandsausweis. Er ist beim Zivilstandsamt des Heimatortes erhältlich.
- Den Niederlassungsausweis oder die Wohnsitzbescheinigung. Sie erhält man bei der Einwohnerkontrolle.
- Bei gemeinsamen Kindern sind die Geburtsscheine der Kinder vorzulegen.
- Geschiedene benötigen das Scheidungsurteil und die Heiratsurkunde aus der Vorehe.
- Verwitwete brauchen die Sterbeurkunde sowie die Heiratsurkunde.
- Ausländische Partner müssen zusätzlich einen gültigen Pass, einen Geburtsschein mit Angaben über die Eltern sowie ein Zeugnis über Staatsangehörigkeit und Zivilstand vorlegen.
- Die Eheverkündung erfolgt sowohl am Wohnort der Partner (bezogen auf die letzten sechs Monate) als auch in den Heimatgemeinden der beiden Heiratswilligen. Für die Trauung an einem anderen Schweizer Zivilstandsamt kann am Heimatstandesamt eine sechs Monate gültige Trauungsermächtigung erworben werden.

Endlich ist es so weit:
Die standesamtliche Trauung

Bei all den Vorbereitungen und dem Trubel drumherum wird schnell das Wesentliche vergessen: Aber wann genau sind die beiden Brautleute miteinander verheiratet? Welches ist der entscheidende Moment der Trauung?

Es ist das Jawort. Wenn Sie es gewusst haben, sind Sie möglicherweise ein Hochzeitsprofi. Die meisten Brautleute nehmen an, dass mit der anschließenden Unterschrift die Ehe besiegelt wird. Manche denken sogar, der „Personenstandswechsel" erfolgt beim Ringtausch. Weit gefehlt: Es ist das schlichte Wort „Ja", mit dem Sie den Bund fürs Leben schließen. Alternativen wie „Ich will", „gerne" oder „selbstverständlich" werden nicht anerkannt. Es muss das „Ja" mit dabei sein. Wem das zu schmucklos oder zu kurz erscheint, kann „Ja, ich will" oder auch „Ja, gerne" sagen. Nur in Ausnahmefällen wie bei bestimmten körperlichen Behinderungen kann das Ja schriftlich erfolgen oder durch ein deutliches Nicken ersetzt werden.
Der restliche Teil der Zeremonie auf dem Standesamt ist eher sachlich und kurz. Nach etwa 10 bis 20 Minuten ist die Trauung in der Regel beendet und das frisch vermählte Paar steht mit seinen Gästen wieder auf der Straße. Wem das zu schmucklos erscheint, kann sich vorher Gedanken über Ablauf und Ort seiner Trauung machen und so ein Fest gestalten, das einer kirchlichen Trauung in nichts nachsteht. Jede Menge Ideen für außergewöhnliche Trauungen finden Sie in dem nächsten Kapitel dieses Buches. Getraut werden kann mittlerweile nahezu überall: auf Burgen, in Schlössern, auf Schiffen und sogar in Flugzeugen. Auch die Trauzeremonie selbst lässt festliche Erweiterungen zu:

- Sprechen Sie zum Beispiel mit dem Standesbeamten oder der Standesbeamtin über die Traurede und liefern Sie ihm/ihr Fakten, damit er/sie sie persönlich gestalten kann.
- Erkundigen Sie sich über die Möglichkeit, Musik während der Trauung erklingen zu lassen. Mit passenden Klängen unterstreichen Sie den festlichen Charakter der Zeremonie.
- Auch wenn sie heute nicht mehr vorgeschrieben sind: Trauzeugen können das Brautpaar durch den Festakt begleiten. Wer nicht in abgeschiedener Zweisamkeit heiraten möchte, sollte sich durchaus überlegen, ob er nicht die alte Trauzeugenregelung beibehalten möchte.
- Besprechen Sie mit dem Standesbeamten oder der Standesbeamtin, dass Sie den Ringtausch während der Trauung vornehmen möchten.

Arnsberg: Trauungen im Alten Rathaus

■ Auch das „Drumherum" spielt eine Rolle: Überlegen Sie sich, mit welchem Fahrzeug Sie zum Standesamt oder zum Ort der Trauung fahren möchten, und erkundigen Sie sich, ob Ihre Freunde „Hochzeitsaktivitäten" wie Baumstamm sägen oder Spalier stehen planen, um Sie würdevoll aus dem Standesamt - herauszubegleiten.

Musik für die Trauung

■ Klassisch

J. S. Bach	AIR aus der Orchestersuite in d-Moll
J. S. Bach/Gounod	Ave Maria
L. van Beethoven	5. Sinfonie
L. van Beethoven	„Für Elise", Albumblatt
G. F. Händel	Sonatine F-Dur
F. Mendelssohn Bartholdy	Hochzeitsmarsch
W. A. Mozart	Sonatine, 1. Satz
W. A. Mozart	Ave verum
M. Ravel	Bolero
F. Schubert	Ave Maria

■ Modern

W. Houston	I will always love you
J. Lennon	Grow old along with me
McCartney/Lennon	Yesterday
McCartney	Hey Jude
E. Presley	Can't help falling in love
C. Stevens	Morning has broken
Volksweise aus Irland	Amazing Grace
A. L. Webber	Memory aus „Cats"

Wie geht es weiter?
Gemeinsam durch dick und dünn

Viele Paare gönnen sich nach dem Fest und vor dem Eintritt in den Ehealltag erst noch ihre Flitterwochen, den ganz besonderen Urlaub, der sich weder verschieben noch wiederholen lässt. Danach folgt dann das große Aufräumen und Sortieren, Danksagungen werden geschrieben, Bilder geordnet und die Adress- oder Namensänderungen denen bekannt gegeben, die von der Heirat noch Kenntnis erhalten müssen.

Danksagungen

Ähnlich wie die Einladungskarten müssen auch die Danksagungen persönlich abgefasst sein. Auch hier können Sie am PC oder handschriftlich schöne Karten gestalten. Immer gut ankommen werden Blankokarten, auf denen Sie Bilder vom Hochzeitstag befestigen. Natürlich sind im Handel auch hübsche Karten mit „Danke"-Schriftzügen erhältlich, doch das ist die kostspieligere Art der schriftlichen Grußübermittlung.
Wichtig: Denken Sie bereits beim Auspacken der Geschenke an die Danksagungen und notieren Sie sich die Namen der freundlichen Geber. Auch wenn es eventuell nur eine Kleinigkeit oder ein Teil der Geschenkeliste war; sämtliche Präsente wurden aus Zuneigung zu Ihnen ausgesucht und mit Liebe verpackt. Jeder Gast freut sich über ein Zeichen der Anerkennung beziehungsweise würde gern wissen, ob Sie sich über seine Gabe gefreut haben.

Erinnerungen

Auch wenn Sie kein passionierter Sammler oder Tagebuchschreiber sind: Eine Hochzeit ist es wert, besonders in Erinnerung behalten zu

werden. Viele symbolträchtige Kleinigkeiten fallen an, die ihren Wert erst nach Jahren erhalten, beispielsweise dann, wenn Sie sie Ihren Kindern zeigen können.

Zunächst einmal sind da natürlich die Hochzeitsfotos, die von den meisten Paaren in einen gesonderten Ordner eingeklebt werden. Oft versieht sie das Paar zusätzlich mit kleinen Sprüchen und Anekdoten, die es handschriftlich einfügt. Dann gibt es noch die Menü- und Einladungskarten, Glückwunschtelegramme und eventuell ein Gästebuch. Nicht zu vergessen der Schleier, einige gepresste Blüten vom Brautstrauß, ein Strumpfband und unter Umständen ein hart getrocknetes Stück Hochzeitskuchen. Wohin mit diesen Dingen, die zu schade sind, weggeworfen zu werden, die jedoch im All-

tag nur herumstehen und verstauben würden? Eine gute Idee ist
eine schöne Hochzeitskiste, in der Sie alles bis auf die Fotos verstau-
en können. Eine kleine Holz- oder Blechkiste eignet sich hervorragend für Ihre Utensilien.

Hochzeitsjubiläen

Um bloß keine Wehmut aufkommen zu lassen: Mit der Trauung,
der so genannten grünen Hochzeit, ist das Feiern gemeinsamer
Ehrentage noch lange nicht vorbei. Im Gegenteil, die Reihe
gemeinsamer Festtage beginnt gerade erst. Wenn Sie Zeit und Lust
dazu haben, können Sie im Schnitt alle fünf Jahre ein Ehejubiläum
feiern.

1 Jahr	Baumwollene Hochzeit
3 Jahre	Lederne Hochzeit
5 Jahre	Hölzerne Hochzeit
7 Jahre	Kupferne Hochzeit
10 Jahre	Rosenhochzeit
12½ Jahre	Nickelhochzeit
15 Jahre	Gläserne Hochzeit
20 Jahre	Porzellanhochzeit
25 Jahre	Silberne Hochzeit
30 Jahre	Perlenhochzeit
35 Jahre	Leinwandhochzeit
40 Jahre	Rubinhochzeit
45 Jahre	Platinhochzeit
50 Jahre	Goldene Hochzeit
60 Jahre	Diamantene Hochzeit
65 Jahre	Eiserne Hochzeit
70 Jahre	Gnadenhochzeit
75 Jahre	Kronjuwelenhochzeit

33 Ideen
für Ihre
Hochzeit

**Standesamt
Seeon–Seebruck:
mitten in einem
See gelegen**

Heiraten wie im Märchen

Dem Alltag entfliehen ist das Motto von Hochzeiten, die in Schlössern und auf Burgen gefeiert werden. Gerade weil es bei einer Heirat auch um überliefertes Brauchtum und alte Sitten geht, sind solche Orte mehr als stilvoller Hintergrund für einen wichtigen, wenn nicht sogar den wichtigsten Tag im Leben eines Paares.

Hochzeit im Dornröschenschloss

Mitten im hessischen Reinhardswald steht sie: die Sababurg. Der
Sage nach soll hier Dornröschen wachgeküsst worden sein – eine
Vorstellung, die sich mühelos nachvollziehen lässt, wenn man die
malerische Burganlage sieht. Was sind schon 100 Jahre Schlaf
zwischen über 600 Jahre alten Mauern?

Wer glaubt, wirklich seinen Prinzen oder seine Prinzessin gefunden
zu haben, sollte zur Hochzeit hierher kommen. Im Standesamt hin-
ter Schlossmauern sich das Jawort zu geben, ist schon etwas ganz
Besonders – abgesehen von der anschließenden Hochzeitsnacht im
Himmelbett. Vorstellbar ist eine Trauung in großer Runde mit
Eltern, Schwiegereltern, Verwandten und Bekannten. Wenn Sie eine
Mottohochzeit feiern möchten, bietet sich hier natürlich das Thema
„Märchen" an. Informieren Sie Ihre Gäste rechtzeitig über Ihre
Pläne, damit sie sich eigene Gedanken machen können. So könnten
diese beispielsweise die alte Sitte des Hochzeitsspaliers wieder

aufnehmen. An diesem Ort bekommt sie eine besondere Bedeutung. Nach der Trauung stellen sich hierzu die Gäste paarweise zu beiden Seiten des Standesamtes auf und bilden mit Besen, Fahnen oder Blumenkränzen Bögen, durch die die Brautleute hindurchgehen müssen. Symbolisch überwinden sie dadurch bereits vorab die Hürden, die ihnen auf ihrem weiteren Lebensweg begegnen werden. Auch bei „Dornröschen" ging es schließlich um Hürden und ihre Überwindung.

Sprechen Sie darüber hinaus mit dem Restaurant und dem Hotel Ihr Vorhaben ab, damit man sich auf Sie einrichten kann und eventuell die Zimmer- und Tischdekoration nach Ihren Wünschen gestaltet. Als Motiv drängt sich nahezu nur eines auf: eine Rose mit Dornen. Sie kann wie ein roter Faden bereits die Einladungskarten zieren, sich auf den Tisch- und Menükarten wiederfinden und schließlich die Danksagungen abrunden.

Auch wenn Sie kein so ausgefeiltes Fest planen: ein Märchenschloss ist allein durch sein Flair und seine Umgebung ein schöner Ort für eine Hochzeit. Selbst in kleiner Runde lässt sich hier vieles unternehmen oder auch nur der Tag in Ruhe genießen.

Standesamt Hofgeismar
Markt 1
34369 Hofgeismar

Trauung auf Burg Falkenstein

Mit „Fanfarenklang und Minnesang" wirbt Burg Falkenstein um seine Hochzeitsgäste. Wer sich in den Mauern dieser Burg im Bayerischen Wald trauen lässt, kann sich anschließend in die Welt des Mittelalters begeben. Zünftig geht's zu beim Hochzeitsmahl im gotischen Rittersaal mit typischen Speisen und Getränken. Auf Wunsch wird ein Rittermenü serviert mit Minnegesang im Hintergrund.

Einen Höhepunkt bildet das fast schon traditionelle „Holzstamm-sägen", bei dem das Brautpaar gemeinsam einen dicken Baumstamm zerteilen muss. Als Werkzeug dient ihnen eine einfache Bogensäge. Nur wenn beide den richtigen Rhythmus finden und abwechselnd schieben und ziehen, werden sie diese Aufgabe bewältigen. Freunde und Verwandte dürfen dem jungen Paar nur durch ermunternde Zurufe helfen. Der erfolgreich zerteilte Baumstamm zeigt dann jedem in der Runde: „Gemeinsam sind die beiden Brautleute stark und lösen von nun an jedes Problem zusammen".

Ein Tipp: Wie viele Burgen und Schlösser ist auch Burg Falkenstein nicht einfach zu erreichen. Wenn Sie daher keinen Fußmarsch unternehmen möchten, sollten Sie sich rechtzeitig um standesge-mäße Beförderungsmöglichkeiten wie beispielsweise eine Kutsche bemühen.

Burg Falkenstein
Burgstr. 10–12
93167 Falkenstein

Mühlenhochzeit in Schleswig-Holstein

Im „Land zwischen den zwei Meeren", wie Schleswig-Holstein auch oft bezeichnet wird, findet sich eine Reihe von Mühlen, die restauriert wurden und heute in anderer Bestimmung weiter genutzt werden. Was bietet sich da Besseres an, als ein Standesamt dort einzurichten, wo früher die Mahlsteine standen?

Von echtem Schrot und Korn sollten auch die Brautleute sein, die sich auf eine Hochzeit in einer Mühle einlassen. Zumindest soll das „viel Segen bringen", wie eine alte Volksweißheit behauptet. „Vergissmeinnicht" heißt beziehungsreich die romantische Mühle in Friedrichskoog, die auch als die schönste Hochzeitsmühle Schleswig-Holsteins bezeichnet wird. Zwischen alten Mühlengeräten können sich hier die Brautleute auf dem Dachboden das Jawort geben. Anschließend gibt's einen Sektempfang im Erdgeschoss, in dem bis zu 60 Gäste Platz finden. Wer möchte, kann sogar seine Hochzeitsnacht in dem „Haus mit den Flügeln" verbringen. Hochzeitsleute, die bereits einige Nächte vorher in Norddeutschland

verbringen, werden möglicherweise mit einer alten Sitte des „Braut-holens" bekannt gemacht: Um den Bräutigam daran zu hindern, zu seiner Braut zu gelangen, wurde früher die Tür des Hauses, in dem die Auserwählte wohnte, vom Brautvater mit Holzbalken verriegelt. Durch lautstarkes Klopfen mit einem Stock musste der Bräutigam um Einlass bitten. Genau drei symbolische Stockschläge waren es, die ihm den Weg zu seiner Braut öffneten.

Eine hübsche Sitte, welche sich von der Hochzeitsgesellschaft in eine moderne Version umwandeln ließe. Warum soll der Bräutigam seine Zukünftige nicht abholen und auf dem Weg dahin ein wie auch immer geartetes Hindernis beseitigen? Ganz so einfach soll schließlich die Sache mit dem Heiraten auch heute keinem gemacht werden.

Standesamt Friedrichskoog
Koogstr. 35a
25718 Friedrichskoog

Entführung in die Welt aus Tausendundeiner Nacht

Für Brautleute, die im wahrsten Sinne „im siebenten Himmel" hei-raten möchten, ist dieser Vorschlag sicher der Richtige: eine orienta-lische Hochzeit im eigens dafür errichteten Zelt. Ihre Gäste sollten allerdings nicht ausschießlich auf eine bestimmte Küche festgelegt sein, denn als Menü werden arabische Spezialitäten gereicht. In den Pausen zwischen den Gängen gibt es verschiedene künstlerische Darbietungen, unter anderem eine Bauchtanzvorführung, zu be-wundern. Mit ein wenig Fantasie können Sie die besondere Atmo-sphäre auch zu eigenen Vorführungen nutzen. So wäre es beispiels-weise denkbar, dass die Gäste reihum einzelne Episoden aus den „Märchen aus 1001 Nacht" vorlesen. Die meisten von ihnen han-deln passenderweise von Liebe, Leid und bewegenden Schicksalen.

Um Mitternacht erschrecken Böllerschüsse die Festgesellschaft. Allerdings nur kurzfristig, denn kurz darauf wird klar, dass dieses Getöse nur die Gäste aus dem Zelt locken soll, damit sie das zu Ehren der Brautleute stattfindende Feuerwerk bewundern können. Eine schöne Hochzeitsidee, nicht wahr? Vorab sollten sich die Brautleute jedoch noch trauen lassen. Dazu begeben sie sich in das romantische Rathaus in Landsberg am Lech, das im 18. Jahrhundert von Domenikus Zimmermann, dem damaligen Bürgermeister der Stadt, im Rokoko-Stil erbaut wurde. Hier geht es zwar nicht orientalisch zu, doch sorgt der formenreiche Baustil des Rokoko für eine lebensfrohe Atmosphäre.

Organisations- und Hochzeitsservice Stöcklin
Wörnbrunner Platz 7
81547 München

Kultur- und Fremdenverkehrsamt
Hauptplatz 1
86896 Landsberg am Lech

Schiff ahoi!

In den sprichwörtlichen „Hafen der Ehe" würden viele Brautpaare
gern auch ganz real auf einem Schiff einlaufen. Ob das ein kleiner
Kahn auf dem Bodensee, ein Schaufelraddampfer auf dem Rhein
oder eine Viermastbark auf der Ostsee ist, hängt einerseits von den
persönlichen Vorlieben des Einzelnen, andererseits aber auch von den
Budgetvorstellungen ab, die jeder vom Fest seiner Hochzeit hat.

Mit dem Schaufelraddampfer unterwegs

Sie müssen nicht bis nach New Orleans reisen, um auf einem „waschechten" Schaufelraddampfer zu heiraten. Zwischen Düsseldorf und der Loreley und ab und zu auch in Hamburg auf der Elbe kreuzt die „Mississippi Queen", der einzige Schaufelraddampfer Europas. Zehn Stundenkilometer ist sie schnell und gibt so jedem Gast ausreichend Gelegenheit, einen Blick auf die vorbeiziehende Landschaft zu werfen.
Wer das Schiff sieht, wird an Südstaaten-Fotos aus der Zeit um die Jahrhundertwende erinnert: Damen mit Reifröcken und Hochsteckfrisuren stehen mit Hutschachteln bepackt vor imposanten Kutschen, die Herren, angetan mit Frack und Zylinder, sind in ein anregendes Gespräch vertieft. Genau zu dieser Kulisse passt die „Mississippi Queen", und Brautleute, die Spaß an fantasievoller Kleidung haben, könnten die Idee aufgreifen, um ihre eigene Süd-

staaten-Hochzeit auf dem Schiff zu inszenieren. Für das Jawort steht die elegant ausgestattete *Chattanooga Lounge* zur Verfügung. Ihren Standesbeamten müssten Sie allerdings selbst mitbringen – er könnte die Trauung als Erstes auf dem noch ankernden Schiff vollziehen, um gegebenenfalls anschließend wieder von Deck zu eilen.

Ein besonderes „Schmankerl" bietet ein schiffseigenes Showprogramm: Um Sie vollends dem Alltag zu entführen, zeigen Darsteller Szenen aus dem Film „Vom Winde verweht" – Rhett Butler und Scarlett O'Hara zum Anfassen. Vor Risiken und Nebenwirkungen beim Nachahmen dieser ergreifenden Liebesgeschichte wird allerdings eindringlich gewarnt!

Tourismus-Zentrale Hamburg
Steinstr. 7
20095 Hamburg

Verkehrsverein Düsseldorf
Konrad-Adenauer-Platz
40210 Düsseldorf

Trauung auf dem Bodensee

Eine kleine Kahnpartie gefällig? Im „Hochzeitspaket" in Wasserburg am Bodensee ist eine Rundfahrt auf kleinen Fischerbooten für die Brautleute und deren Gäste vorgesehen. Getraut wird – allerdings nur bei schönem Wetter – an der Hafenmole, wo eine Seemannsband von Liebe, Wellen und schönen Maiden singt. Und damit das Brautpaar in den siebenten Himmel tanzen kann, wird anschließend zum Hochzeitswalzer aufgespielt.

Ein Tipp für Landratten: Auf dem Wasser weht fast immer ein kühler Wind. Sorgen Sie daher während der Bootsfahrt für warme Kleidung. Es wäre doch jammerschade, verschnupft in die Ehe zu starten.

Wasserhochzeiten sind übrigens in Küstennähe gar nicht so selten. Und wie für so vieles gibt es auch hier Regeln: Seeleute heiraten normalerweise unter Deck, das Schiff darf nicht im Hafen liegen, geschweige denn an Land gezogen sein, und es muss während der Trauung möglichst volle Fahrt voraus die Wellen durchpflügen. Genau das erwartet das Brautpaar bei dem nächsten Trauungsvorschlag: dem Jawort auf Schiffsplanken, die zu einem Segelschiff auf der Ostsee gehören.

Gemeinde Wasserburg/Bodensee
Lindenplatz 1
88142 Wasserburg

Das Jawort auf Schiffsplanken

Auch wenn die Brautleute keinen festen Boden unter ihren Füßen haben, während sie sich ihr Jawort geben, ist dieses dennoch ohne Ausnahme gültig. Auf dem Segelschiff Passat, einer nostalgischen Viermastbark, können seetaugliche Brautpaare sich standesamtlich trauen lassen. Zweimal wöchentlich kreuzt es auf der Ostsee vor der alten Hansestadt Lübeck. Wer sich hierfür entscheidet, startet wirklich mit vollen Segeln in die Ehe.
Ganz nach alter Seemannssitte geben sich die Heiratswilligen in der Kapitänsmesse ihr Eheversprechen – danach darf gefeiert werden. Mit anschließender Übernachtungsmöglichkeit auf dem Schiff können Sie mit bis zu 70 Gästen Ihre Hochzeit bis in den nächsten Morgen hinein feiern.
Auch hier ist es ratsam, wenn Sie Ihre Gäste von Ihren Plänen, wie und wo Sie die Hochzeit zu feiern gedenken, möglichst früh informieren. Einmal sollten alle sich auf das doch etwas aus dem Rahmen des Üblichen fallende Fest vorbereiten können, und zum anderen müssen viele sich unter Umständen Urlaub für die Tage auf See

nehmen. Andere wiederum haben Kinder und es muss geklärt werden, ob diese bei der Feier mit dabei sein können oder ob jemand für ihre Betreuung gefunden werden muss.

Wer jemals versucht hat, 30 bis 70 Leute unter einen Hut zu bringen, weiß, wie schwer es ist, alles zu organisieren. Planen Sie daher am besten einen Ausweichtermin ein, bevor Sie das Schiff buchen – falls zum ersten Datum zu viele Absagen kommen.

Diese Hinweise sollen Sie keineswegs entmutigen, Ihren Plan, eine Schiffshochzeit zu feiern, durchzuführen, sondern im Gegenteil: sie sollen bewirken, dass Ihr Fest, trotz der Hürden, die auftreten können, genauso schön, romantisch und einmalig wird, wie Sie es sich vorstellen.

Bürgermeister der Hansestadt Lübeck
Standesamt
Ratzeburger Allee 16
23539 Lübeck

Feuerfest in Neptuns Reich

Eine Wasserhochzeit der besonderen Art hat die Stadt Emden zu bieten: Auf der „Deutschen Bucht", einem ehemaligen Feuerschiff, werden seit 1983 Heiratswillige getraut. Das über 80 Jahre alte Schiff wurde liebevoll restauriert und dient heute als Museum. Das Standesamt ist im ehemaligen Kapitänssalon eingerichtet. Wer möchte, kann seinen Liebsten oder seine Liebste aber auch auf der Kommandobrücke heiraten. Wichtig ist nur, dass Neptun, der römische Gott der Gewässer, von all dem etwas mitbekommt, denn im Anschluss an die Trauung erhalten die Brautleute vom Standesbeamten einen Trauschein aus der Unterwasserwelt überreicht: Neptun selbst bezeugt darin die rechtmäßige Gültigkeit dieser Verbindung in seinem Wirkungsbereich.

Damit ist auch klar, unter welchem Motto die anschließende Hochzeitsfeier stattfindet: Wer kann schon einen echten Wassergott bei
seiner Hochzeit vorweisen? Von den Einladungskarten bis hin zur
Tischdekoration lässt sich alles mit ein wenig Fantasie leicht unter
das Motto „Unterwasserwelt" stellen. Motive sind reichlich vorhanden: Dreizack, Fischernetz, Muscheln, Meerjungfrauen, Hummer
und Krebse. Sollte ein Festprogramm mit Beiträgen einzelner Gäste
geplant sein, ist das Neptun-Thema ein wunderbarer „roter Faden",
der sich bei den verschiedenen Vorträgen, Sketchen, Tanzeinlagen
und Zaubervorführungen immer wieder aufgreifen lässt.
Ihre Feier können Sie übrigens ebenfalls auf dem Museumsschiff
stattfinden lassen. Im Schiffsrestaurant ist Platz für 60 Gäste. Das
reicht, um einen ganzen Nachmittag lang nach Herzenslust gemeinsam Seemannsgarn zu spinnen.

Verkehrsverein Emden
Oldersumer Str.
26725 Emden

Museumsfeuerschiff „Deutsche Bucht"
Im Ratsdelft
26721 Emden

Über den Wolken …

… muss das Glück wohl grenzenlos sein, denken sicher alle, die zu ihrer Hochzeit in die Lüfte steigen möchten. Vom Heißluftballon bis zum Hubschrauber bringen Sie viele Fluggeräte mühelos dem Himmel ein Stück näher – die Entscheidung, welches Sie nehmen wollen, wird Ihnen nicht leicht gemacht. Jedes Luftgefährt hat seine eigenen Vorzüge, die es als perfektes Hochzeitsmobil erscheinen lassen.

Am Fallschirm in die Ehe

Mut muss man schon haben, um sich am Fallschirm ins Bodenlose fallen zu lassen. Allerdings ist das nichts, verglichen mit dem Mut, der nötig ist, um eine Ehe zu beginnen. Hochzeitspaare, die beides miteinander verbinden, berichten anschließend von einem wunderbaren Hochgefühl.

Wer Ähnliches erleben möchte, sollte vorher gut planen: Zu klären sind unter anderem die Fragen:

- Trauung vor oder nach dem Sprung? Beides hat Vor- und Nachteile. Beim Fallschirmabenteuer vor der Trauung haben Sie eventuell anschließend nicht mehr genügend Puste für das Jawort. Beim Sprung nach der Heiratszeremonie könnte Ihnen das bevorstehende Erlebnis ein wenig von der notwendigen Sammlung und Konzentration rauben.
- Wer von den Gästen möchte eventuell auch? (springen natürlich, nicht etwa heiraten!) Am Tag der Trauung sind für kurzentschlossene Mit- oder Nachspringer eventuell nicht genügend Fallschirme vorhanden, abgesehen davon, dass keiner in Festtagskleidung für ein derartiges Unternehmen passend gerüstet ist.
- Wie groß sind die Entfernungen Standesamt – Flugplatz – Gasthof? Sie benötigen Umkleidemöglichkeiten und die Gelegenheit, sich wieder frisch zu machen. Eine Autobahnraststätte reicht hierzu keinesfalls!
- Möchten Sie am Flugplatz nach gelungener Aktion einen kleinen Sektumtrunk veranstalten? Mit ein wenig Vorplanung lässt sich so etwas gut organisieren.

Noch etwas sollte vorher unbedingt beachtet werden: Brautleute mit Sturz- oder Flugerfahrung wissen, worauf sie sich einlassen, wenn sie einen Fallschirmflug mieten – die anderen sollten unbedingt vorher mindestens einen Probeabsprung machen, um an ihrem Hochzeitstag keine unangenehme Überraschung zu erleben. Das Gefühl des Absprunges aus dem Flugzeug, der Ruck am Seil, wenn sich der Fallschirm öffnet, all das kann beim ersten Mal Magenverstimmungen verursachen und erst beim zweiten Versuch stellt sich das gewünschte Fluggefühl ein. Also: Unbedingt vorher mit einem Trainer erste Sprünge üben.

Organisations- und Hochzeitsservice Stöcklin
Wörnbrunner Platz 7
81547 München

Trauung im „Mutterturm":
Fremdenverkehrsamt
Hauptplatz 1
86899 Landsberg am Lech

Das Jawort im Heißluftballon

Als eines der letzten Abenteuer unserer Zeit wird Ballonfahren bezeichnet – und zwar von denjenigen, die es wissen müssen: den Ballonfahrern selbst. Eine Trauung hoch in den Lüften gemeinsam mit den engsten Verwandten zu erleben ist eine höchst reizvolle Alternative zu einer Hochzeit am Boden.
Apropos „Lüfte": Ballonfahren funktioniert nur, weil es mit dem „Gewicht" der Luft arbeitet. Der Ballon selbst ist nichts anderes als ein Hohlkörper, der mit einem Gas gefüllt wird, das leichter als Luft ist. Sobald das Eigengewicht des Ballons dem Gewicht der von ihm verdrängten Luftmenge entspricht, steigt er, und wenn es kleiner wird, sinkt das Luftfahrzeug wieder zu Boden. In der Praxis bedeutet das für eine Ballonhochzeit:

- Die Trauung muss im Sommer stattfinden, weil nur dann die entsprechenden Witterungsverhältnisse herrschen, um einen Ballon steigen zu lassen.
- Sie benötigen gutes Wetter an ihrem großen Tag; es darf weder regnen noch stürmen.

Dass alles dies durchaus häufiger zutrifft und auch der Organisationsaufwand gut zu bewältigen ist, zeigt die wachsende Anzahl von Lufthochzeiten. Immer mehr Ballonfahrgesellschaften und auch Tourismusverbände bieten Erlebnisfahrten samt Trauung für das Hochzeitspaar und seine Gäste an.

In Schermbeck am Niederrhein beispielsweise hat sich hierauf die Nienhaus Ballonwerbung und -fahrten GmbH spezialisiert. Mit maximal sechs Personen an Bord schweben Sie gen Himmel, um sich das Jawort zu geben. Nach 90 Minuten hat Sie dann die Erde wieder, nun als verheiratetes Paar.

Eine größere Gesellschaft, genauer gesagt bis zu zehn Gäste, können Sie in Bonn in Ihr Fluggefährt – neben eventuellen Trauzeugen und dem Standesbeamten – laden. Hier wird vom Ballonteam Bonn der größte Heißluftballon Europas unterhalten. Wer wetterfest und auch einigermaßen schwindelfrei ist, wird dieses Luftabenteuer mit Sicherheit genießen. Wieder am Boden angekommen, werden Sie, wie übrigens bei allen Ballonfahrten üblich, in den Adelsstand der Luftfahrer erhoben. Als Baron und Baronin können Sie sich ab diesem Zeitpunkt zu dem elitären Kreis der Ballonfahrer zählen.

Nienhaus Ballonwerbung und -fahrten GmbH
Dämmwalder Str. 6
46514 Schermbeck

Ballonteam Bonn
Feldstr. 9
53340 Meckenheim

Mit dem Hubschrauber zur Trauung

Für alle, die noch ein passendes Gefährt suchen, das sie zur Trauung bringt: Wie wäre es mit einem Hubschrauber? Zwar können Sie in der Regel von diesem Hochzeitsgefährt nicht direkt vor der Haustür abgeholt werden, dennoch sind die Start- und Landemöglichkeiten eines Hubschraubers weitaus vielfältiger als die eines jeden Segel- oder Motorflugzeugs. Und natürlich gibt es auch eine Reihe von Sicherheitsvorschriften, die zu beachten sind. Dennoch: Vielleicht haben Sie ein wenig Glück und die Voraussetzungen, um „beflügelt" in die Ehe zu starten, treffen bei Ihnen zu. Um Einzelheiten hierüber zu erfahren, wenden Sie sich am besten an einen kompetenten Hochzeitsveranstalter. Diese oft als Hochzeitsservice bezeichneten Organisationen kümmern sich um das gesamte Umfeld Ihrer Trauung, sie können aber auch bei Spezialwünschen gefragt werden. Sollten Sie jedoch das Pech haben und ausgerechnet mitten in einer Großstadt wohnen, wo es keinen außerplanmäßigen Landeplatz für Hubschrauber in Ihrer Nähe gibt, besteht immer noch eine Möglichkeit, zu einem Hochzeitsflug zu gelangen: Buchen Sie bei Ihrem nächstgelegenen Flugplatz einen regulären Rundflug, der möglichst direkt vor Ihrer Trauung stattfindet. Hierbei können Sie, ähnlich wie auf einem Aussichtsturm, Ihre Stadt in Ruhe von oben betrachten, Straßen und auch einzelne Häuser wiedererkennen und sich allmählich auf den entscheidenden Schritt in Ihrem Leben vorbereiten. So gesehen ist auch ein Rundflug mit dem Hubschrauber gar kein so schlechter Einstieg für eine Hochzeit.

Happy Day
Fest- und Hochzeitsplaner
Auf der Eck 17
76547 Sinzheim

Sabine's Hochzeitsservice
Am Bornwald 7 a
55124 Mainz

Traum-Fest-Service
Liebenau
Albert-Schweitzer-Str. 14
12587 Berlin

Der große Auftritt

*„Alle sollen sie es wissen, ab heute sind wir ein Ehepaar!" Wer unter
diesem Motto heiratet, auf den ist der große Auftritt genau zuge-
schnitten. Bühnen hierfür gibt es viele, nur die Inszenierung ist dies-
mal echt!*

*Wem es Freude macht, statt im stillen Kämmerlein eines städtischen
Standesamtes möglichst hör- und auch sichtbar für alle Verwandten
und Freunde den Bund fürs Leben zu schließen, der sollte es auf
einer Theaterbühne oder in einer Zirkusmanege tun. Sie glauben,
das geht nicht? Doch – und einige Brautpaare haben so eine Trauung
bereits erlebt. Sie fanden es „echt stark", wird berichtet.*

Hochzeit im Rampenlicht

Auf den Brettern, die die Welt bedeuten, wurde schon eine Vielzahl von Hochzeiten gefeiert. Meist ging es dabei hochdramatisch zu und nicht jeder überlebte das Spiel, bevor am nächsten Abend alles wieder von vorn begann.

Im Theater Baden-Baden wird jedoch nicht gespielt und auch eine Wiederholung der Premiere ist nicht geplant: Im festlichen Spiegelsaal können Brautpaare den echten Bund fürs Leben schließen und ihr privates Stück, welches das Leben schreibt, von einer Arie aus der Hochzeit des Figaro begleiten lassen.

Diese ungewöhnliche Möglichkeit, unter die Haube zu kommen, geht auf eine Initiative des Standesamtes und der Stadt zurück, die ihren Bürgern etwas Besonderes bieten wollte. Dafür, dass die an die Trauung anschließende Feier nicht gar zu ernst gerät, sorgt das Theaterensemble: Auf Wunsch spielt es passende Szenen aus bekannten Theaterstücken nach.

Baden-Baden Marketing GmbH
Schloß Solms
Solmsstr. 1
76530 Baden-Baden

Manege frei: Heirat im Zirkuszelt

Es geht weder um eine Raubtierdressur noch um einen Drahtseilakt oder gar um ein Jonglierkunststück: Sie sollen lediglich eine Frage beantworten und das durch ihre Unterschrift besiegeln – selbstver-ständlich ohne Netz und doppelten Boden. Da manchen Braut-paaren diese Zeremonie zu schmucklos erscheint, versuchen sie, ihre Trauung aufregender zu gestalten – beispielsweise durch eine Hoch-zeit in einem Zirkuszelt. Auf Sägespänen den Bund fürs Leben zu schließen, dort, wo sonst die Artisten ihre Kunststücke zeigen – das ist etwas für alle, die sich einen Kindheitstraum erfüllen möchten. Möglich ist eine derartige Trauung in verschiedenen Manegen. Auch hier ist es wieder günstig, einen Hochzeitsservice einzuschalten, um die genauen Konditionen zu erkunden. Sie können sich aber auch direkt an einen Zirkus wenden und Ihr Vorhaben mit dem Direktor besprechen. In diesem Fall sollten Sie sich jedoch bereits grobe Vorstellungen davon gemacht haben, wie Sie sich die Zeremonie und den Ablauf der daran anschließenden Feier vorstellen.

Auch Variationen sind denkbar: Eventuell wollen Sie die Formalitäten auf dem Standesamt erledigen und begeben sich dann zusammen mit Ihren Gästen in das Zirkuszelt, wo Sie eine traumhafte Feier erwartet. Oder Sie heiraten in der Manege und feiern anschließend in einem exklusiven Restaurant.

Wie gesagt: Mit ein bisschen Fantasie ist viel mehr möglich, als im ersten Augenblick gedacht.

Hochzeitstraumservice
Herdweg 74/1
70174 Stuttgart

Euro Events
Xantener Str. 2
50733 Köln

Traum-Fest-Service
Liebenau
Albert-Schweitzer-Str. 14
12587 Berlin

Auf kaiserlichen Spuren

Nicht jede Stadt kann sich rühmen, einen echten Kaiser beherbergt zu haben. In Bad Ischl hat Franz Joseph, der berühmte österreichische Kaiser, nicht nur übernachtet, er hat sich hier auch verlobt – und zwar mit niemand geringerem als der bayerischen Prinzessin Elisabeth, besser bekannt als „Sissi". Romy Schneider verhalf der späteren Kaiserin zu weltweitem Filmruhm. Die Geschichte von Sissis und Franz Josephs Liebe wurde unzählige Male verfilmt, beschrieben und sogar vertont. Zu manchen Mädchenträumen gehört es, Sissis Räume zu sehen und später einmal eine wunderbare Ehe zu führen.

Wenn das kein gutes Motto für eine Trauung ist! In Bad Ischl ist es nicht nur möglich, die Kaiservilla und das Marmorschlössl des blaublütigen Paares zu besichtigen, sondern auch selbst Hochzeit zu halten. Im Haus Austria, wo sich Elisabeth und Franz Joseph im Jahre 1853 verlobten, können heute – sozusagen auf historischem Boden – Heiratswillige den Bund fürs Leben schließen. Eine romantische Hochzeit mit einem Hauch von „guter alter Zeit", so wie sie unsere Großeltern manchmal beschreiben.

Tourismusverband Bad Ischl
Bahnhofstr. 6
A–4820 Bad Ischl

Reif für die Insel

*Es sind nicht die Aussteiger, die es zum Heiraten auf eine Insel zieht –
im Gegenteil: es sind die überzeugten Einsteiger ins Eheleben, die auf
einer Insel den Bund fürs Leben schließen möchten.*

*Seitdem es möglich ist, sich auf jedem Standesamt in Deutschland
trauen zu lassen, nachdem das Heimatstandesamt seine Ermäch-
tigung hierzu gegeben hat, suchen sich immer mehr Paare ihren Ort
für die Hochzeit gezielt aus. Heiraten in einer Fischerbude auf Helgoland oder in einem Leuchtturm auf Rügen machen die Trauung zu
einem unvergesslichen Erlebnis.*

Heiraten auf Helgoland

Inseln haben meist eine besondere Atmosphäre. Vor allem gilt das für kleine Inseln, auf denen man an jedem Punkt das Meer hören und auch riechen kann. Helgoland ist solch eine kleine Insel – hinzu kommt noch ihre außergewöhnliche Farbe und Form: roter Sandsteinfelsen, der unvermittelt aus dem Meer emporragt.

Ein guter Ort für eine Heirat, wenn man „felsenfest" voneinander überzeugt ist. In einer ehemaligen Fischerbude, in der früher Hummerfangkörbe gebaut und ausgebessert wurden, werden heute Brautleute ganz nach Recht und Gesetz standesamtlich getraut. Zwischen wertvollen alten Büchern, Schiffsmodellen und einer Muschelsammlung findet die feierliche Zeremonie statt, an der maximal zehn Gäste teilnehmen können. Anschließend kann die Hochzeitsgesellschaft die Insel besichtigen, sich in das Helgoländer Brauchtum einführen lassen, eine kleine Bootstour auf einem so genannten „Börteboot" unternehmen oder das Festmahl genießen. Das Hochzeitspaket umfasst drei Tage, die sich jedoch leicht mit verschiedensten Aktivitäten ausfüllen lassen.

Standesamt
Lung Wai 28
27498 Helgoland

Jawort im Leuchtturm

Unerschrocken mussten sie schon sein, die Leuchtturmwärter, wenn sie nachts allein auf ihrem Turm den Dienst versahen und ein Sturm an den Fensterscheiben rüttelte. Vor allem, wenn der Turm auch noch mitten im Meer stand, braucht man nicht viel Fantasie, um sich vorzustellen, welchen Mut es erforderte, unbeirrt weiterhin das Leuchtfeuer zu betreuen.

Seit dem 13. Jahrhundert gibt es diese Seezeichen, die dazu dienen, Schiffskapitäne vor gefährlichen Klippen zu warnen und sie sicher in den Hafen zu lotsen. Damals waren es hölzerne oder steinerne Baken, die ein offenes Holz- oder Steinkohlefeuer trugen – heute sind es die bekannten Türme, mit Glühlampen oder Lichtbogen zur Seekennung ausgestattet, die meist bereits sogar vollautomatisch arbeiten.

In einem historischen Leuchtturm die Trauung zu vollziehen ist daher mehr als ein romantisches Erlebnis. Die Aufgabe, die dieser Turm jahrelang versehen hat, soll sich symbolisch auch gut auf diese Ehe auswirken. Beständigkeit und Verlässlichkeit gehören laut einer US-Umfrage neben Zärtlichkeit und Vertrauen zu den Grundeigenschaften, die glückliche Paare für das Gelingen ihrer Ehe angeben.

Auf der ostfriesischen Insel Wangerooge wurde im alten Insel-
Leuchtturm ein Standesamt eingerichtet. Um zum hochgelegenen
Trauzimmer zu gelangen, muss man zunächst eine steile Wendel-
treppe erklimmen. 161 Stufen sind es, die sozusagen als letzte Hürde
vor der Eheschließung zu bewältigen sind. Oben im ehemaligen
Zimmer des Leuchtturmwärters gibt's als Belohnung eine wunderbare Aussicht und verschiedenartigste Navigationswerkzeuge zu
bewundern.
Ein weiterer Hochzeitsleuchtturm steht auf Rügen. Nach der Trauung kann das frisch gebackene Ehepaar eine Fahrt mit der Inselbahn
unternehmen, Zeugnisse von Caspar David Friedrich, dem berühm-
ten Maler und Grafiker, bewundern, oder mit seinen Gästen im
Leuchtturm oder dem dazugehörigen Garten ausgiebig feiern.

Verkehrsverein Wangerooge e.V.
Bahnhofstr. 8
26486 Wangerooge

Fremdenverkehrsverband Rügen e.V.
18586 Ostseebad Sellin

Zurück in die Steinzeit

*So lautet sicher nicht Ihr Motto für Ihr weiteres gemeinsames Ehe-
leben. Gemeint sind hiermit stattdessen Erlebnishochzeiten an ur-
wüchsigen Orten auf und auch unter der Erde, die eine Vorstellung
vom Leben unserer Ur-Ur-Ahnen vermitteln. Ein Gang beispielsweise
durch eine nur mit Fackeln erhellte Höhle ist für das Brautpaar und
seine Gäste an dem Tag der Trauung ein Ereignis besonderer Art.
Ihrer Fantasie bleibt es überlassen, diese Umgebung für die Gestaltung der Feier zu nutzen. Zusammen mit dem Höhlenführer könnten
Sie beispielsweise vorher die Orte aussuchen, an denen eine Hoch-
zeitsrede gehalten werden kann oder es möglich ist – wenn nicht bereits vorher geschehen –, die Ringe zu tauschen.*

Höhlenhochzeit

Wie bereits wiederholt erwähnt: Heiraten ist prinzipiell überall dort möglich, wo ein autorisierter Standesbeamter die Trauzeremonie vornehmen kann – also auch in einer Höhle.

Zum urigen Steinzeitabenteuer wird die Hochzeit im österreichischen Silz. Mit Fackeln ausgestattet, sucht sich das Brautpaar seinen Weg zum unterirdischen Trauzimmer – eine Kulisse, die an Abenteuerfilme und Fantasy-Computerspiele erinnert. Anschließend gibt's eine Feier mit steinzeitlichem Essen und Musik. Damit niemand verloren geht, geleitet ein Höhlenführer die Gäste anschließend wieder ins Freie.

Weitere Höhlenabenteuer sind unter anderem in der Schwäbischen Alb und im Sauerland möglich. In der Bärenhöhle in der Nähe von Reutlingen gibt es zum Beispiel Knochen von Höhlenbären zu bewundern, die über 20 000 Jahre alt sind. Auch Werkzeuge und Knochen von Menschen wurden gefunden und sind dort ausgestellt. Bizarre Tropfsteingebilde gibt es in der Attahöhle nahe bei Attendorn im Sauerland zu sehen. Vorbei an Stalagmiten, Stalaktiten, Vorhängen und Gardinen geht der Weg durch eine unterirdische Traumlandschaft. Wer möchte, organisiert eine Höhlenführung für die Zeit vor oder nach der Trauung.

Höhle bei Silz:
Special Events & Tours Tirol
Pfarrhügel 702
A-6100 Seefeld

Bärenhöhle:
Verkehrsverein Tübingen
An der Neckarbrücke
72072 Tübingen

Attahöhle:
Landesverkehrsverband Westfalen e.V.
Friedensplatz 3
44135 Dortmund

Jawort im Bergwerk

Wenn Sie nicht ausdrücklich Wert auf ein weißes Kleid und Stöckelschuhe beziehungsweise auf Frack und Zylinder legen, dafür aber neugierig darauf sind, wie eine Hochzeit in etwa 800 Metern Teufe (die Bezeichnung der Bergleute für „Tiefe") gefeiert wird, sollten Sie rechtzeitig beginnen, sich umzuhören und mit den speziellen Eigenarten eines solchen Unterfangens vertraut zu machen. Zunächst einmal gilt es zu klären, in welche Art von Bergwerk Sie einfahren möchten. Zur Auswahl stehen in unseren Breiten hauptsächlich Silber-, Salz- oder Kohlebergwerke. Grundbedingung ist natürlich, dass das Bergwerk stillgelegt beziehungsweise für Publikumsverkehr geöffnet ist.

Kohle wird im Saarland und im Ruhrgebiet gefördert. Hier gibt es auch stillgelegte Zechen, sowie restaurierte Lehrstollen und Führungen zur Bergbaugeschichte.

Mit das bekannteste Salzbergwerk wurde in Hallein in der Nähe von Salzburg angelegt. Heute werden hier Gruppenführungen angeboten. Der Höhepunkt ist die Fahrt mit einem Boot auf einem unterirdischen Salzsee.

Ein Silberbergwerk, das zu besichtigen ist, findet sich in Schwaz bei Innsbruck. Das Besondere: Eine ganze Hochzeitsgesellschaft von bis zu 50 Personen kann hier unterirdisch speisen!

Kohlebergwerk im Saarland:
Fremdenverkehrsverband Saarland e.V.
Postfach 10 10 31
66010 Saarbrücken

Kohlebergwerk im Ruhrgebiet:
Verkehrsverein Bochum
Am Hauptbahnhof
44866 Bochum

Salzbergwerk bei Salzburg:
Tourismusbüro Salzburg
Postfach
A-5024 Salzburg

Silberbergwerk bei Schwaz:
Special Events & Tours Tirol
Pfarrhügel 702
A-6100 Seefeld

Auf höchster Ebene

Um von einem Berggipfel die Aussicht zu genießen, nehmen Kletterer zum Teil gewaltige Strapazen auf sich. Glücklicherweise muss nicht jeder Berg mühsam erklommen werden, sodass es möglich ist, auch mit einer ganzen Hochzeitsgesellschaft in luftiger Höhe die Trauung zu feiern.
Wer – wie die Brautleute – sowieso von einem Hochgefühl in Schwung gehalten wird, dem fällt es sicherlich auch nicht schwer, sich mit dem Gedanken einer Hochzeit in luftiger Höhe anzufreunden.

Trauung auf dem Fernsehturm

In 40 Sekunden auf 200 Meter Höhe können Sie sich und Ihre Gäste in Berlin bringen. Der Lift des Berliner Fernsehturms erreicht in exakt dieser Zeit die hochgelegene Aussichtsplattform. Von hier aus haben Sie bei klarem Wetter den garantiert besten Blick über die Stadt. Ein wahrhaft großartiges Panorama für zwei Heiratswillige, die sich das Jawort nicht in einer engen Amtsstube geben wollen. Da auch die Standesbeamten Verständnis für derartige Wünsche haben, nehmen sie tatsächlich Trauungen auf dem Fernsehturm vor. Wie viele Hochzeitsgäste hierbei anwesend sind, bleibt Ihnen überlassen. Bei der Feier im Turmrestaurant ist jedenfalls die Bewirtung von bis zu 200 Personen möglich! Ein Platzproblem werden Sie daher auf keinen Fall haben. Wenn Sie möchten, eröffnen Sie den Hochzeitstanz auf der angrenzenden Aussichtsetage. Getanzt, gespielt und sogar auch gesungen werden kann hier bis ein Uhr nachts – und das alles hoch über den Dächern der Großstadt.
Wenn es nicht unbedingt der Berliner Fernsehturm sein muss: Auch andere Städte wie Hamburg, München oder Stuttgart haben Fernsehtürme mit Turmrestaurants, die Hochzeitsfeiern ausrichten.

Für Trauungen hat jedoch der Berliner Turm die Vorreiterrolle übernommen. Dennoch lohnt es sich, beim Fernsehturm seiner Wahl
nachzufragen, denn wie vieles ändern sich auch hier häufiger die
Bestimmungen.

Berliner Fernsehturm
Panoramastr. 1a
10178 Berlin

Berghochzeit

Der Weg zu einer Trauung kann manchmal recht steinig sein. Bis
sich zwei Leute in grundsätzlichen Lebensfragen einig sind, bis sie
ihre eigenen Vorstellungen erörtert haben und die äußeren
Umstände geklärt sind, gibt es häufig eine Reihe von Hindernissen
aus dem Weg zu räumen.
Symbolisch kann daher eine Berghochzeit für das erfolgreiche
Überwinden dieser Schwierigkeiten stehen. Zwar sind heute viele
Gipfel bequem mit Sesselliften oder Seilbahnen zu erreichen,
dennoch ist es unter Umständen eine Überlegung wert, den Hin-
oder Rückweg zu Fuß zu unternehmen. Das gilt natürlich nur für
das Brautpaar und nicht die ganze Hochzeitsgesellschaft.
Einige Beispiele für interessante Berghochzeiten:

- In rund 1 600 Metern Höhe findet die Trauung auf der Almhütte
  Schwarzbühel in Bad Ragaz in der Schweiz statt. Belohnt wird
  das Brautpaar für die ungewöhnliche Ortswahl mit einem außergewöhnlichen Rundblick. An klaren Tagen kann von hier auf vier
  Länder geschaut werden: Deutschland, Österreich, Liechtenstein
  und die Schweiz.
- Die Zugspitze ist ebenfalls ein Ort für ungewöhnliche Trauungen.
  Wer es mag, feiert anschließend mit bayerischer Trachtengruppe
  und Blasmusik.

■ Eher auf einem Hügel als auf einem Berg gelegen, ist Burg Liebenzell: etwas für gemäßigte Gipfelstürmer. Statt auf schroffe Felsen schaut man hier auf bewaldete Hügel. In der Nähe von Calw gelegen, bietet diese Burg ihren Gästen ein komplettes Hochzeitsarrangement mit Trauung, Festmahl und anschließender Feier.

Almhütte Schwarzbühel:
Verkehrsbüro Bad Ragaz
Bartholomäplatz
CH-7310 Bad Ragaz

Zugspitze:
Organisations- und Hochzeitsservice Stöcklin
Wörnbrunner Platz 7
81547 München

Burg Liebenzell:
Fremdenverkehrsverband Schwarzwald e.V.
Postfach 6016
79016 Freiburg

Immer in Bewegung

Die Idee, die ganze Hochzeitsgesellschaft in einen Straßenbahnwaggon, einen Bus oder in ein anderes öffentliches Verkehrsmittel zu bitten, ist nicht nur originell, sie hat auch viele Vorteile: Für die Unterhaltung der Gäste ist gesorgt, denn es gibt viel zu sehen, keiner braucht sich zu langweilen und auch Gesprächsstoff ist mehr als reichlich vorhanden. Das entlastet das Brautpaar, sich um alle Beteiligten kümmern zu müssen, und es kann entspannter die Feier genießen. Als anregender Höhepunkt des an sich schon großen Tages bringt so eine Fahrt die ganze Gesellschaft nachhaltig in Schwung.

Zum Jawort in die Schwebebahn

Als „Tausendfüßer aus Eisen" wird sie auch bezeichnet: die Wuppertaler Schwebebahn. Rund 13 Kilometer lang ist die Fahrt von Vohwinkel bis Oberbarmen – Hochzeitspaare werden in dem roten „Kaiserwagen" befördert.

Genau dieser Waggon war es, in dem im Jahre 1900 Kaiser Wilhelm II mit seiner Frau Auguste Viktoria bei der Eröffnung durchs Tal schwebte. In dem stilecht restaurierten Hochzeitswaggon werden seit 1996 Hochzeitspaare jeden ersten und dritten Montag und Mittwoch eines Monats getraut.

Die Idee, schwebend in die Ehe zu gelangen, gefällt mittlerweile sehr vielen Brautleuten außerordentlich gut – heiratswillige Paare sollten sich daher rechtzeitig vorher anmelden, um ihren Wunschtermin zu erhalten.

Standesamt Wuppertal
Rathaus
Wegnerstr. 7
42275 Wuppertal

Hochzeitsfahrt in Bus oder Bahn

Städtische Verkehrsbetriebe sind mitunter flexibler, als man denkt. So bieten mittlerweile mehrere Städte Hochzeitsfeiern in Bussen und Straßenbahnen an.

Eine der längsten und auch schönsten Strecken wird von der Albtal Verkehrsgesellschaft im baden-württembergischen Ettlingen angeboten. Zwischen Hochstätten und Bad Herrenalb kann sich die Hochzeitsgesellschaft die Fahrt in der Straßenbahn selbst zusammenstellen – insgesamt 190 Streckenkilometer stehen den Fahrgästen zur Verfügung. Gehalten wird, wenn das Brautpaar damit einverstanden ist und die Verkehrsregeln es zulassen. Zwischen 40 bis 100 Personen finden in den Waggons Platz – für Getränke und Speisen wird auf Wunsch gesorgt.

Wem eine Großstadt mehr zusagt, gerät in Berlin so richtig in Fahrt. Hier können Brautpaare in einer städtischen Straßenbahn den Bund fürs Leben schließen. Einzige Bedingung: Der Wagen muss während der Trauung stillstehen. Davor und danach fährt er überall dorthin, wo es in Berlin die für ihn passenden Schienen gibt.

Als zweite Möglichkeit, schwungvoll auf vier Rädern in die Ehe zu starten, bietet Berlin Brautpaaren so genannte Hochzeitsbusse an. Zur Auswahl stehen neben geschlossenen auch offene Wagen, sodass bei schönem Wetter die Trauung unter freiem Himmel stattfinden kann.

Straßenbahn in Ettlingen:
Albtal Verkehrsgesellschaft GmbH
Tullastr. 71
76131 Karlsruhe

Straßenbahn und Hochzeitsbus in Berlin:
Berliner Verkehrsbetriebe
Charter und Touristik
10785 Berlin

Wie im Mittelalter

Die Zeit der Ritter eignet sich besonders gut dazu, um sie als Motto für eine Erlebnishochzeit zu nehmen. Ihre Feste und Spiele, ihre Art zu speisen und Musik zu machen, lassen sich gut als Rahmen für eine Hochzeitsfeier nehmen. Doch keine Angst: Wie „ritterlich" es zugehen soll, bestimmen letztlich Sie selbst. Vom Fest auf einer alten Burg bis zum mittelalterlichen Essen in einem historischen Restaurant ist alles möglich.

Ritterhochzeit auf einer Burg

Heiraten wie im Mittelalter auf einer richtigen alten Burg – das gehört für manche Paare zu den großen Jugendträumen. Warum aber nur davon träumen, wenn sich dieser Wunsch verwirklichen lässt? Beispielsweise in Burghausen nahe der österreichischen Landesgrenze: Hier steht Deutschlands größte Burganlage, gegliedert in

fünf „Teilburgen", die über Tore und Brücken miteinander in Verbindung stehen. Begonnen wurde das Bauwerk im 13. Jahrhundert
und im 15. Jahrhundert unter Herzog Georg dem Reichen zur gotischen Festungsanlage ausgebaut. Die Wittelsbacher bewahrten hier
ihre Schätze auf, eine Tradition, die viel später noch einmal aufleben
sollte: Im Zweiten Weltkrieg hielten Münchens Stadtväter die dicken
Burgmauern für sicher genug, um die wertvolle Kunstsammlung der
Alten Pinakothek aufzunehmen. Eine Burggeschichte also, die fast
einem Märchen entnommen sein könnte.
Für die Hochzeitsfeier steht die „Dürnitz", so wird der schönste
Raum der Burg genannt, zur Verfügung. Im Mittelalter versammel-
ten sich hier die Ritter an 38 Tischen, um zu speisen, während im
Hintergrund ein Kaminfeuer prasselte. Heute können hier die
modernen „Ritter" bei Kerzenlicht Feste wie eine Hochzeit stilvoll
feiern. Auf Wunsch wird dafür gesorgt, dass alle Gäste ritterlich
gekleidet sind. Nach einem üppigen Mahl mit mittelalterlichen
Speisen wird die Gesellschaft mit Minnesang unterhalten. Danach
gibt es Ritterspiele zu bewundern, die ein Herold nach alter Sitte
ankündigt. Eine Brautentführung bringt zum Schluss den Bräutigam
in arge Verlegenheit: Wo soll er in all den Höfen und Gängen – von
Geheimgängen und Verliesen ganz zu schweigen – seine Liebste je
wiederfinden? Nur mit tatkräftiger Unterstützung seiner Gäste wird
ihm das gelingen, sodass die Feier dann auch ein gutes Ende findet.

Ritterhochzeit:
Organisations- und Hochzeitsservice Stöcklin
Wörnbrunner Platz 7
81547 München

Heiraten in historischen Räumen

Sich zum Heiraten auf Spurensuche nach den Vorfahren zu begeben
ist ein guter Gedanke. Oft wird die Hochzeit gleichzeitig zum Anlass
genommen, den Familienstammbaum aufzufrischen, Großeltern,
Eltern und Verwandte nach deren Geschwistern zu fragen und alte
Familienbande wieder neu zu knüpfen.

Eine passende Gelegenheit also, auch die Trauung selbst auf historischem Boden vorzunehmen. Manch ein mittelalterliches Rathaus
besitzt eine liebevoll restaurierte „Hochzeitsstube", in der die Trauzeremonie feierlich mit Musik und anschließendem kleinen Sektempfang abgehalten werden kann.

Zwei Beispiele für historische Trauungen:

■ Mittelalter pur finden Brautleute in dem im nördlichen Harzvor-
  land gelegenen Quedlinburg. 1600 Fachwerkhäuser aus sechs
  Jahrhunderten bilden den denkmalgeschützten Stadtkern. Im
  Mittelpunkt der Altstadt steht auf dem Markt das malerische
  Renaissance-Rathaus, in dem bis heute Trauungen stattfinden.

■ Als „Hochtiedshus" bekannt ist das im 14. Jahrhundert erbaute
  Rathaus von Hannoversch Münden. Seit mehr als 500 Jahren
  werden hier Bürger im rechteckigen Saalbau getraut. Für die heutigen Brautpaare erklingt dabei vom Glockenspiel im Rathaus-
  giebel der Hochzeitsmarsch von Richard Wagner.

Trauung in Quedlinburg:
Harzer Verkehrsverband e.V.
Postfach 16 69
38606 Goslar

Heirat in Hannoversch Münden:
Verkehrsverein
Am Rathaus
34346 Hannoversch Münden

Schlemmen im Schloss

„Ja so warn's, die alten Rittersleut'", fällt manchem spontan ein, wenn er einen Rundgang auf Schloss Waldeck unternimmt. Kein Wunder, denn die Burganlage entstand zwischen 1100 und 1500 und sie ist noch immer gut erhalten. Heute blickt man von der Burg auf den Edersee, das größte Erholungsgebiet Hessens. Die Rittersleute hatten diesen Anblick noch nicht, denn der See wurde nachträglich künstlich angelegt: Er ist eine Talsperre und sein Wasser dient der Energieerzeugung.

Dennoch: Auch ohne See muss die Landschaft schon damals außerordentlich reizvoll gewesen sein, denn sonst wäre die Burg zweifellos nicht erbaut worden. Heute lässt es sich hier im Burgrestaurant vortrefflich speisen und für Hochzeitsgesellschaften wird ein Spezialmenü serviert. Das Besondere daran: Die Brautleute werden mit ihren Gästen in die Zeit des Mittelalters zurückgeführt. Vom Essen nach historischen Vorlagen über den begleitenden Gesang bis hin zu den Gewändern der Bedienung: Alles ist der Zeit der Ritter nachempfunden, sodass die gesamte Gesellschaft für ein paar Stunden in die Welt des Mittelalters entführt wird.

Hotel-Schloss Waldeck
34513 Waldeck

Zur richtigen Zeit und am richtigen Ort

Jeder muss natürlich für sich selbst herausfinden, wann und an welchem Ort er sein Jawort sprechen möchte. Vielleicht wäre die Mitternacht der Wunschzeitpunkt für die Trauung oder ein Planetarium der geeignete Ort dafür? Möglich ist mittlerweile tatsächlich beides.

Mitternachtshochzeit

Was noch bis vor ein paar Jahren nahezu undenkbar schien, gehört heute bei vielen Standesämtern schon fast zum Standardangebot: Trauungen, die samstags und auch sonntags vorgenommen werden. Nahezu unerreichbar perfekt ist jedoch der Service, den das Standesamt in Bad Brückenau anbietet: Hier können Brautleute das Jawort auch um Mitternacht sprechen, und das bei Kerzenlicht im romantischen Trauzimmer. Wer seine Hochzeitsfeier rund um die Geisterstunde gestalten möchte, findet in Bad Brückenau alles, was er wünscht. Der ganze Ort ist aufs Heiraten eingestellt, selbst der Fotograf und der Friseur bieten ihre Dienste zu nächtlicher Stunde an. Egal, wie aufwendig oder schlicht Sie Ihre Hochzeit gestalten möchten: Um Mitternacht erhält alles, was Sie unternehmen, ein besonderes Flair. Die weiße Hochzeitskutsche, die bei Dunkelheit vor dem Standesamt vorfährt, wirkt ebenso unwirklich-romantisch wie der Hochzeitskorso, den die Verwandten mit festlich geschmückten Autos veranstalten. Eine Hochzeit ist sicherlich mit der beste Grund, den Zauber nächtlicher Stunden zu nutzen.

Tourist Information
Marktplatz 2
97769 Bad Brückenau

Auch das „Wo" ist wichtig

Außerordentlich flexibel bei der Wahl des Ortes, an dem die Trauung stattfinden soll, zeigt sich das Standesamt Tiergarten von Berlin. Brautpaare stehen hier so viele Möglichkeiten offen, dass die Entscheidung unter Umständen ein wenig schwer fällt.
Geheiratet werden kann zunächst einmal im Standesamt selbst. Ein Saal mit 22 Sitzplätzen ist vorhanden und für musikalische Unter-

haltung wird gesorgt. Der Clou ist jedoch die Eheschließung außerhalb des Amtes.

Angeboten wird beispielsweise die Trauung

- im Teehaus des Englischen Gartens in Berlin. Der Ort, an dem einst Kurfürsten jagten, bietet auch heute noch das passende Ambiente für romantische Hochzeiten. Außerdem sind ausreichend Gelegenheiten für anschließende Spaziergänge vorhanden: Der Englische Garten liegt im Bereich des Tiergartens und dieser ist wiederum Berlins größter innerstädtischer Park. Gewandert werden kann vom Brandenburger Tor bis zum Zoologischen Garten, einer Stecke von über zwei Kilometern Länge.
- auf dem Ausflugsschiff MS Esplanade. Vom Wasser aus gesehen, wirkt jede Stadt völlig anders: ruhig, grün und angenehm zeitlos. Während der Trauung durch verträumte kleine Kanäle zu schippern, ist sicher eine reizvolle Idee.
- in verschiedenen Nobel-Hotels wie zum Beispiel dem Hotel Hamburg, dem Sorat-Hotel sowie dem Hotel Interconti. Stilvolle Eheschließungen sind in großen Hotels gut zu organisieren. Geeignete Räume, auch für größere Hochzeitsgesellschaften, sind in der Regel vorhanden, für Küche auf gehobenem Niveau ist ebenfalls gesorgt und es gibt ausreichend Übernachtungsmöglichkeiten für die Gäste.

Standesamt Tiergarten von Berlin
Kurfürstenstr. 57
10785 Berlin

Offen für Neues ...

... zeigt sich auch die Ruhrgebietsstadt Duisburg. Passend zum Werbespruch „Eine Region im Wandel" bieten auch Duisburger Standesbeamte Eheschließungen an ungewöhnlichen Orten an.

Angefangen bei einer Wasserhochzeit in den Rhein-Ruhr-Häfen, des größten Binnenhafensystems der Welt, bis hin zu einer Trauung im Wedau-Stadion, einem der bekannten Fußballstadien dieser Region, sind viele Erlebnishochzeiten möglich.

Wie wäre es zum Beispiel mit dem Jawort in der Niederrhein-Therme, einem subtropischen Schwimmparadies mit Thermalsole-bädern, Mittelmeergarten und Karibik-Wellenbad?

Oder was halten Sie von einer Trauung in Duisburgs Waldzoo am Kaiserberg? Keine Angst: Nicht zwischen Tigern und Löwen sollen Sie heiraten, sondern im schönen Chinesischen Garten mit Gold-fischzucht, Sechseck-Pagode und der „Halle des Glücks".

Wer dagegen auf Schimanskis Spuren wandeln will, wählt als Umgebung für seine Hochzeit die Gießhalle des Meidericher Hütten-werks. Hier, wo früher hart „malocht" wurde, sind Fans dem legen-dären Ruhrgebiets-Kommissar sozusagen dicht auf den Fersen.

Stadtinformation
Königstr. 53
47051 Duisburg

Den Sternen nahe …

… glauben viele zu sein, wenn sie mit ihrem Leben einmal so rich-tig rundum zufrieden sind. Glück nennt man das auch – und glück-lich, das sollten junge Hochzeitspaare eben sein.

Was liegt also näher, als zu den Sternen zu greifen? Am besten geht das in einem Planetarium. Hier können Brautpaare zwar keinen Blick in die Zukunft, dafür aber einen Blick in die Unendlichkeit des Weltalls werfen und etwas über Fixsterne, Kometen und „Schwarze Löcher" erfahren. In einem Planetarium wird der Him-mel mit Dias an die Kuppel projiziert und durch eine ausgefeilte Technik der Lauf der Sterne gezeigt.

■ Das Planetarium Bochum bietet ein Programm mit wechselnden Vorführungen an, die stets unter einem Motto stehen. Astronomische Vorgänge am Himmel können hier auf der Innenseite einer riesigen Kunststoffkuppel betrachtet werden, die einen Durchmesser von mehr als 20 Metern aufweist.

■ Im Planetarium der Archenhold-Sternwarte in Berlin werden Brautpaare auf Wunsch sogar getraut.

Planetarium Bochum
Castroper Str. 67
44866 Bochum

Archenhold-Sternwarte:
Standesamt Treptow von Berlin
Neue Krugallee 4
12435 Berlin

Jawort im Aquarium

In Zusammenarbeit mit dem Standesamt Tiergarten in Berlin bietet der Zoologische Garten der Stadt Heiratswilligen eine besonders ausgefallene Möglichkeit an, in die Ehe zu starten: Im Aquarium des Zoos können sich die Brautleute Auge in Auge mit den verschiedensten Meerestieren das Jawort geben. Statt tatsächlich in den Tauchanzug zu steigen sowie Schwimmflossen und Schnorchel anzuziehen, kann das Hochzeitspaar mit seinen Gästen in normaler Festkleidung die Zeremonie vollziehen und dabei die eigenartig schwerelose Atmosphäre der Unterwasserwelt genießen.

Ein Gang durch den Zoo, der mit rund 14 000 Tieren und etwa 1 400 Arten zu den bedeutendsten Tiergärten der Welt zählt, rundet diese Erlebnishochzeit ab.

Standesamt Tiergarten von Berlin
Kurfürstenstr. 57
10785 Berlin

Voll im Trend

Sie möchten nicht nur ein außergewöhnliches, sondern auch ein abenteuerliches Hochzeitsfest feiern? Eines, das man garantiert nicht vergisst? Dann wird Ihnen der Ritt auf dem Gebirgsbach sicher gefallen. Allerdings müssen Sie hierbei wahrscheinlich – zumindest kurzfristig – auf einen Teil der Hochzeitsgesellschaft verzichten. Wer sich jedoch auf die Fahrt mit Ihnen einlässt, wird sicher noch lange von der „bewegendsten Hochzeit des Jahres" sprechen.

Floßfahrt auf der Isar

Als Gaudi erster Klasse wird sie gemeinhin bezeichnet: eine Floßfahrt auf der Isar von Wolfratshausen bis München. Wer seine Hochzeitsgesellschaft in ausgelassener Stimmung sehen möchte, unternimmt mit ihr nach dem ernsten Teil der Heirat, der Trauzeremonie, eine rundum fröhliche Fahrt auf dem schäumenden Gebirgsfluss. Überraschend ist die Größe des Floßes. Eine mittlere Hochzeitsgesellschaft von rund 30 Gästen findet durchaus Platz auf dem urigen Gefährt aus zusammengefügten Baumstämmen. Dazu gibt's meist noch ein Fass Bier sowie deftige bayerische Kost.

Ein Hinweis: Die Festtagskleidung sollte während des Flussabenteuers gegen wasserfeste Freizeitanzüge ausgetauscht werden. Keiner der Fahrgäste wird das Kunststück vollbringen und trocken in München ankommen. Manch einer der Floßfahrer steigt auch kurzfristig während der Fahrt aus und nimmt ein erfrischendes Bad im Fluss. Einziger Wermutstropfen: Sollten Sie eine Hochzeit in den Wintermonaten zwischen Oktober und April planen, müssen Sie entweder die Fahrt oder das Hochzeitsdatum verschieben. Floßfahrten werden nur zwischen Mai bis September veranstaltet – in der Zeit dazwischen macht die Isar ihrem Namen als Gebirgsfluss alle Ehre: Sie ist dann einfach zu kalt für ein Bad.

Fremdenverkehrsverein München
Sendlinger Str. 1
80331 München

Schäumend zu Tal

Rafting gehört gewiss zu den mitreißendsten Arten, seine Hochzeit zu feiern. Die Wildwasserfahrt in einem Schlauchboot wird überall dort angeboten, wo es befahrbare Gebirgsbäche und -flüsse gibt. In Oberbayern sind das beispielsweise die Salzach, der Inn und die Loisach.

Das Gute am Rafting: Auch unerfahrende und bisher völlig ungeübte Personen können daran teilnehmen, weil die Fahrt in der Gruppe stattfindet und das Boot von erfahrenen Spezialisten gesteuert wird. Die Mitfahrer sollten jedoch einigermaßen sportlich, gesund und nicht gerade wasserscheu sein, um Spaß an dem Ritt über die Stromschnellen zu haben.

Der Nachteil: Längst nicht alle Hochzeitsgäste werden an der Fahrt teilnehmen wollen, vor allem, wenn es sich um eine traditionell zusammengesetzte Gesellschaft mit zum Teil älteren Verwandten und Bekannten handelt. Die bei der letzten Hochzeitsidee vorgestellte Floßfahrt wirkt übrigens im Gegensatz zum Rafting wie ein gemütlicher Sonntagsspaziergang.

Fremdenverkehrsverband e.V. München-Oberbayern
Postfach 20 08 753
80331 München

Hochzeit im Planwagen

Ein wenig Wildwestromantik haftet einem Planwagen nach wie vor an. Er war damals eben eine geniale Möglichkeit, mit seiner Familie sowie mit seinem gesamten Hab und Gut umzuziehen. Hinter einer Fahrt in einem solchen Wagen steckt die Idee des ungebundenen Reisens und des Aufbruchs zu neuen Ufern, doch auch das Suchen nach einem Platz im Leben und die Gründung einer eigenen Familie werden hiermit verknüpft.

Derartige Gedanken muss das Brautpaar jedoch keinesfalls hegen, wenn es die Hochzeitsgesellschaft zu einer Fahrt im Planwagen ein-lädt. Es macht einfach Spaß, mit einer kleinen Schar Verwandter und Freunde für einige Stunden auf engem Raum miteinander verbun-den zu sein – vor allem, wenn anschließend ein Lagerfeuer mit heißen Getränken und würzigen Speisen in Aussicht steht.

Angeboten werden Planwagenfahrten von Reit- und Fahrvereinen und Pferdegestüten, aber auch Wild- und Safariparks bieten manch-mal Fahrten in derartigen Wagen an.

Wildfreigehege Rappweiler
Fremdenverkehrsverband Saarland e.V.
Postfach 10 10 31
66010 Saarbrücken

Happy Day
Fest- und Hochzeitsplaner
Auf der Eck 17
76547 Sinzheim

Servicekapitel: Die schönsten Standesämter

Schleswig-Holstein

Standesamt Reinbek
Hamburger Str. 7
21465 Reinbek
Standesamtlich getraut werden Heiratswillige im Reinbeker Schloss.
Der Renaissancebau von 1575 hat eine bewegte Geschichte hinter
sich: An seiner Stelle stand zunächst ein Zisterzienserkloster von
1238. Nach seiner Zerstörung 1534 wurde hier das Schloss
errichtet.

**In einem
Renaissance-
schloss werden in
Reinbek
Brautpaare
getraut**

Hessen

Standesamt Michelstadt:
Fremdenverkehrsamt
Marktplatz 1
64720 Michelstadt
Heiraten wie im Mittelalter ist in Michelstadt möglich. Die standes-
amtliche Trauung findet im 1484 erbauten Fachwerkrathaus statt.

Standesamt von Michelstadt: Der beeindruckende Fachwerkbau wurde 1484 errichtet

Niedersachsen

Standesamt Hameln:
Hochzeitshaus
Rathausplatz 1
31785 Hameln
Die Sage vom Rattenfänger hat die Stadt Hameln berühmt gemacht. Dass sie aber auch bedeutende Bauten der Weserrenaissance
vorzuweisen hat, ist weniger bekannt. Das Hochzeitshaus, um 1610
erbaut, gehört mit dazu.

**Eine gute
Adresse zum
Heiraten: das
Hochzeitshaus
von Hameln im
Hintergrund**

Berlin

Standesamt Pankow von Berlin
Breite Str. 24a/26
13187 Berlin
Das Standesamt wurde im historischen Rathaus Pankow eingerichtet. Eheschließungen werden im restaurierten Jugendstiltrauzimmer vollzogen.

Standesamt Hohenschönhausen von Berlin
Oberseestr. 56
13053 Berlin
In einer prunkvollen Villa mit hauseigenem See und Parkgrundstück befindet sich das Standesamt Hohenschönhausen. Nach der Trauung kann im Garten ein Sektempfang stattfinden oder auch die Hochzeitsfeier ausgerichtet werden.

Sachsen

Stadtverwaltung Dresden
Dr.-Külz-Ring 19
01067 Dresden
Kreuzkirche, Zwinger und Hofkirche gehören zu den Bauten, die man mit der sächsischen Landeshauptstadt in Verbindung bringt. Auch als „Elbflorenz" bezeichnet, gehört Dresden mit zu den schönsten Städten für eine Trauung. Standesamtlich heiraten können Sie hier in der Villa Weigang, einem gut gepflegten Neorenaissancebau.

Sachsen-Anhalt

Standesamt Eisleben:
Stadtverwaltung
Markt 1
06295 Lutherstadt Eisleben
In Eisleben wurde bekanntlich der Reformator Martin Luther im
Jahre 1483 geboren, wo er anno 1546 auch starb. Wer auf seinen
Spuren wandeln will, wählt für seine Trauung das alte Rathaus, das
1519 erbaut wurde.

**Hochzeit in der
Lutherstadt,
im Standesamt
Eisleben**

Standesamt Wernigerode
Marktplatz 1
38855 Wernigerode
Rechtzeitig zur Trauung anmelden ist beim Standesamt Wernige-
rode angebracht, denn es ist als Ort für außergewöhnliche Ehe-
schließungen sehr gefragt. Trauungen finden im ehemaligen
„Spelhus" statt, einem Gebäude aus dem 12. Jahrhundert, dessen
Fassade mit ungewöhnlichen Figuren geschmückt ist: Eine bunte
Mischung aus Gauklern, Heiligen-, Fastnachts- und Tanzfiguren
heißt die Brautleute am Eingang willkommen.

Heiraten im ehemaligen „Spelhus" in Wernigerode

Nordrhein-Westfalen

Standesamt Arnsberg:
Verkehrsverein Arnsberg
Neumarkt 6
59821 Arnsberg
Malerisch liegt die Altstadt von Arnsberg auf einem von der Ruhr
umflossenen Hügel. Mitten in ihrem Kern, im Alten Rathaus, das
1710 erbaut wurde, finden die Trauungen statt.

**Ein weit über
200 Jahre altes
Rathaus hat die
Stadt Arnsberg
zu bieten**

Standesamt Bonn
Berliner Platz 2
53103 Bonn
Neben Köln und Duisburg gehörte das Standesamt Bonn mit zu
den ersten, die Trauungen auch an Samstagen anboten. Auch wenn
dieser Service mittlerweile von vielen Standesämtern übernommen
wurde, ist das am Rhein gelegene Bonn ein schöner Ort für eine
Trauung.

**Die ehemalige
Bundeshaupt-
stadt besitzt ein
sehr schönes
Standesamt**

Standesamt Siegburg:
Stadtverwaltung
Nogenter Platz
53721 Siegburg
Wem eine Trauung im Weinkeller zusagen würde, sollte an einem
Samstag nach Siegburg kommen. Hier kann das Brautpaar sein Ja-
wort im restaurierten Kellergewölbe des Stadtmuseums geben.

Baden-Württemberg

Standesamt Heidelberg:
Rathaus
Marktplatz 10
69117 Heidelberg
Auch wenn es – gemessen an anderen Bauten der Stadt – noch relativ jung ist, gehört das 1924 erbaute Heidelberger Rathaus mit zu den schönsten Standesämtern Deutschlands. Wer einen Sinn für Jugendstil und Biedermeier besitzt, wird sich im Trauzimmer wohl fühlen.

Das Trauzimmer im Heidelberger Rathaus

Standesamt Schwäbisch Gmünd:
Spital
Marktplatz 37
73525 Schwäbisch Gmünd
Die Zeit spielt eine wesentliche Rolle im Trausaal des Standesamtes Schwäbisch Gmünd: Eheschließungen werden in der historischen Uhrenstube aus dem 16. Jahrhundert vorgenommen.

Bayern

Standesamt Coburg:
Tourist-Information
Herrngasse 4
96450 Coburg
In einem echten Thronsaal den Bund fürs Leben zu schließen, das ist etwas, wovon manch ein Brautpaar träumt. Im bayerischen Coburg könnte dieser Traum Wirklichkeit werden: Im Bürglaßschlösschen finden Trauungen im historischen Thronsaal aus dem Jahre 1794 statt.

Trauung im historischen Thronsaal – das ist im bayerischen Coburg möglich

Verkehrsamt
Am Anger 1
83358 Seebruck-Chiemsee
Als eines der schönsten Standesämter Deutschlands gilt das Standesamt von Seeon-Seebruck. Mitten in einem See gelegen und in
einem ehemaligen Benediktiner-Kloster untergebracht, können sich
hier die Brautleute auf historischem Boden das Jawort geben.

Österreich

Standesamt des Magistrats Salzburg
Mirabellplatz
A-5020 Salzburg
Es ist kein Wunder, dass in Salzburg alljährlich die gleichnamigen
Festspiele stattfinden: Die Stadt bietet mit Franziskanerkirche, Dom
und Festung einen hervorragenden Rahmen für große Aufführun-
gen. Auch Hochzeiten finden hier nicht gerade in engen Amtsstuben
statt: Wer vor großer Kulisse heiraten möchte, lässt sich im Marmor-
saal des Schlosses Mirabell trauen.

Schweiz

Zivilstandesamt Stettfurt:
Gemeindeverwaltung
Dorfstr. 2
CH-9507 Stettfurt
Wer seine Ehe in einem schweizerischen Schloss beginnen möchte,
sollte Schloss Sonnenberg bei Stettfurt wählen. Die standesamtliche
Trauung findet in einem renovierten Barocksaal statt. Wichtig:
Achten Sie auf die Einreisebestimmungen und erkundigen Sie sich
vorher genau, welche Papiere Sie für die Trauung benötigen.

Im FALKEN Verlag sind zahlreiche Titel zum Thema „Feste feiern" erschienen.
Sie sind überall erhältlich, wo es Bücher gibt.

Sie finden uns im Internet: **www.falken.de**

Dieses Buch wurde auf chlorfrei gebleichtem
und säurefreiem Papier gedruckt.

Der Text dieses Buches entspricht den Regeln
der neuen deutschen Rechtschreibung.

ISBN 3 8068 2295 6

© 1999 by FALKEN Verlag, 65527 Niedernhausen/Ts.
Die Verwertung der Texte und Bilder, auch auszugsweise ist ohne Zustimmung
des Verlags urheberrechtswidrig und strafbar. Dies gilt auch für Vervielfältigungen,
Übersetzungen, Mikroverfilmung und für die Verarbeitung in elektronischen
Systemen.

Umschlaggestaltung: Peter Udo Pinzer
Titelfoto: VCP/BAVARIA, Gauti
Redaktion: Dr. Werner Brand
Herstellung: Harald Kraft

Die Ratschläge in diesem Buch sind von der Autorin und vom Verlag sorg-
fältig erwogen und geprüft, dennoch kann eine Garantie nicht übernommen
werden. Eine Haftung der Autorinnen bzw. des Verlags und seiner Beauftragten
für Personen-, Sach- und Vermögensschäden ist ausgeschlossen.

Satz/Litho: DM-SERVICE Mahncke & Pollmeier GmbH & Co. KG, Rodgau
Druck: Appl, Wemding

817 2635 4453 6271

Fotos Innenteil:
Bildagentur Huber, Garmisch-Partenkirchen: 105, 108 (Damm); **Gemeinde Seeon–Seebruck:** 51 (Foto-Berger); **Lutherstadt Eisleben,** Pressestelle: 107; **Premium,** Düsseldorf: 10 (P. Jullien/Stock Image); **Presseamt der Bundesstadt Bonn:** 110 (Michael Sondermann); **Schloss Reinbek:** 103; **Silvestris Foto-service,** Kastl/Obb.: 102 (Lothar Drechsel), 49 (Kerscher); **Stadtpresseamt Baden–Baden:** 56; **Tourismus & Congress Service Coburg:** 40, 112; **Touristik-Information Michelstadt:** 104; **Verkehrsverein Arnsberg:** 46, 109 (Wolfgang Detemple)
FALKEN Archiv: 14, 16 (Kleeberg/Rink); 19, 25, 26 (Photo-Illu. Ltd.); 32, 36 (Tessmann & Endress)

Zeichnungen: Peter Nieländer, Münster

Ja. Ich will!

Von I. Wolter-Rosendorf,
112 S., kartoniert
ISBN: 3-635-**60044**-X
DM 12,90

Von G. Kunz,
112 S., kartoniert
ISBN: 3-635-**60282**-5
DM 12,90

Von H. J. Winkler,
112 S., kartoniert
ISBN: 3-635-**60155**-1
DM 12,90

Von H. A. Augst,
128 S., kartoniert
ISBN: 3-635-**60556**-5
DM 14,90

Für den schönsten Tag

Von A. Wilke, B. Haß,
104 S., kartoniert
ISBN: 3-8068-**1790**-1
DM 19,90

Von S. Lippe,
128 S., kartoniert
ISBN: 3-8068-**1528**-3
DM 29,90

Von E. und H. Bücken,
120 S., kartoniert
ISBN: 3-8068-**1530**-5
DM 19,90

Von A. Wilke u.a.,
120 S., kartoniert
ISBN: 3-8068-**2075**-9
DM 19,90

Stand der Preise 1.6.1999 · Änderungen vorbehalten

Märchenhochzeit

Von A. Körner, C. Ziegler, 216 S., 200 Farbfotos, gebunden
ISBN: 3-8068-**7360**-7
DM 49,90

- *Das Hochzeit-Standardwerk: stimmungsvoll aufgemacht, prachtvoll ausgestattet*
- *Erlebnis- und Mottohochzeiten*
- *Alle Details der Organisation*
- *Güterstand und Ehevertrag*
- *Service- und Adressteil*

Stand der Preise 1.6.1999 · Änderungen vorbehalten

Wir heiraten

Von S. Lippe, 160 S., 253 Farbfotos, gebunden
ISBN: 3-8068-**7451**-4
DM 39,90

- *Der Hochzeitsratgeber vom Heiratsantrag bis Dankes-
  briefe nach der Hochzeit*

- *Verlobung, standesamtliche Trauung, kirchliche Trauung*

- *Schwerpunktthemen: Mode, Kauf des Brautkleides,
  Braut-Accessoires und Make-up*

- *Kostenpläne und rechtliche Fragen*

Stand der Preise 1.6.1999 · Änderungen vorbehalten